# 超越绩效

## 成长型企业KPI开发与实操

【日】中尾隆一郎 著
杨喆 译

中华工商联合出版社

## 图书在版编目（CIP）数据

超越绩效：成长型企业KPI开发与实操/（日）中尾隆一郎著；杨喆译. —北京：中华工商联合出版社，2021.2

ISBN 978-7-5158-2966-1

Ⅰ.①超… Ⅱ.①中… ②杨… Ⅲ.①企业绩效 Ⅳ.①F272.5

中国版本图书馆CIP数据核字（2020）第257229号

Original Japanese title: SAIKO NO KEKKA WO DASU KPI MANAGEMENT
Copyright © Ryuichiro Nakao 2018
Original Japanese edition published by Forest Publishing Co., Ltd.
Simplified Chinese translation rights arranged with Forest Publishing Co., Ltd. through The English Agency (Japan) Ltd. and Qiantaiyang Cultural Development (Beijing) Co., Ltd..

北京市版权局著作权合同登记号：图字01-2021-0544号

### 超越绩效：成长型企业KPI开发与实操

| | |
|---|---|
| 作　　者： | （日）中尾隆一郎 |
| 译　　者： | 杨　喆 |
| 出品人： | 李　梁 |
| 责任编辑： | 林　立 |
| 封面设计： | 朝圣设计 |
| 责任审读： | 李　征 |
| 责任印制： | 迈致红 |
| 出版发行： | 中华工商联合出版社有限责任公司 |
| 印　　刷： | 北京毅峰迅捷印刷有限公司 |
| 版　　次： | 2021年3月第1版 |
| 印　　次： | 2021年3月第1次印刷 |
| 开　　本： | 710mm×1000mm　1/32 |
| 字　　数： | 200千字 |
| 印　　张： | 7.75 |
| 书　　号： | ISBN 978-7-5158-2966-1 |
| 定　　价： | 45.00元 |

服务热线：010-58301130-0（前台）
销售热线：010-58302977（网店部）
　　　　　010-58302166（门店部）
　　　　　010-58302837（馆配部、新媒体部）
　　　　　010-58302813（团购部）
地址邮编：北京市西城区西环广场A座19-20层，100044
http://www.chgslcbs.cn
投稿热线：010-58302907（总编室）
投稿邮箱：1621239583@qq.com

**工商联版图书**
**版权所有　侵权必究**

凡本社图书出现印装质量问题，请与印务部联系。
联系电话：010-58302915

# 前　言

——在瑞可利集团（Recruit Group）传授10年以上的"KPI讲座"

不知道大家对瑞可利有什么样的印象？

是一家朝气蓬勃的公司？还是一家默默无闻的公司？或是觉得这是一家人才辈出的公司呢？

或者说，由于我所任职的部门里聘用的大多都是一些IT人才，所以最近有很多人就觉得这是一家科技公司。不过还有的人可能会联想到之前的Recruit集团贿赂案。

简单地说明一下，这是一家销售额达到2万亿，员工约4.5万人，海外销售额超过40%，主营人力资源科技（HR Technology）、媒介与解决方案（Media & Solution）、派遣三项业务的事业集团。

我自己在截至2018年3月的29年间，于Recruit Group积累了各种丰富的经验。**从外部可能不太能看出来，Recruit**

超越绩效——成长型企业KPI开发与实操

非常擅长在各类部署或是管理团队中"利用数字做判断"。

从创业之初,Recruit就通过"PC(Profit Center利润中心)制度""出版制度""价值管理""单元(Unit)管理"等方式,将权限委让于现场管理人员,通过数字来观察晋升情况,持续改善管理。

其中KPI则构成了该体系的一部分基础。

## 我为何11年间坚持在做KPI讲座

Recruit Group有自己的学习会,名为"Meida学校"。我在那里担任内部讲师,主讲"KPI"和"数字解读法"。

虽说是讲师其实并不是专任讲师。只是在自己承担本职工作的同时,每年讲两期课,每一期带50多人,现已总计给超过1000名的经理或员工讲过课。

讲座是否要继续办下去主要是看听讲人课后问卷的反馈情况。自己这么说可能显得有些轻狂,但是这个讲座之所以能连着办11年,还是因为它受欢迎。

这个讲座能办11年,背后有两个原因。

首先,听讲人在工作中实际运用到了KPI管理,于是这些听讲人就推荐新的成员来参加我的讲座。其次,**我自己**

**在开展新项目的过程中对KPI管理进行了实践。**

这11年里的后半部分，也就是大概五六年的时间里，我自己实际担任了服务项目的负责人，也在项目的运营过程中对KPI管理方法进行了实际运用。

在这个时间点我对讲义内容进行了更新，在之前已有的理论之外将自己担任项目负责人期间总结出的KPI管理的实际设定、运用和改善方法加了进去。

所以这些内容就不只是老生常谈或他人经验，而是实时更新的当下之学。

根据我们设定的KPI我们所负责的业务出现了怎样的进展，或者我们遇到过怎样的麻烦，以及管理或现场发生了什么样的变化……听我们讲述这些充满真实触感的内容，听讲的人也表现出极大的兴趣，这是让我感到欣慰的一点。

然而，我个人的压力也是非同小可的。我自己在担任KPI讲座的人气讲师的同时也负责一些实际的业务。让我感到压力巨大的一点其实就是：**如果KPI管理并不那么奏效该怎么办？**

而且之前的讲义内容都会留在公司的内网上，任何人都可以随时查看。就算过去的讲义内容与现在的业务结果

超越绩效——成长型企业KPI开发与实操

之间出现了不一致的情况,也是无法更改或删除过去的讲义内容的。

好在我所负责的业务在导入KPI管理之后都走上了正轨,在我离任之后直到现在,还保持着增长的势头。

KPI就是这样一种得力的工具。

## 是时候抛开"冒牌KPI"了

KPI管理需要让全体相关人员就以下三个要点持续进行共享、实施、改善。

① 明确对于当前业务最重要的流程(CSF)。

② 将这些流程执行到何种程度(KPI)。

③ 是否能够达成业务计划(KGI)。

本书要做的就是与单纯凭借数字来运营业务的"冒牌KPI"划清界限,将真正地实践主义的KPI管理手法分享给大家。

本书的内容主要基于我这11年在Recruit期间担任"Media学校"讲师的讲座内容。

前言

每次我在讲座开始前都会讲，如果听讲人在讲座结束后能够产生以下感想，那么我这次的讲座就算是成功的：

"对KPI产生了兴趣。"

"想要了解一下自己所在组织的KPI（不知道KPI的人）。"

"想要实际运用自己所在组织的KPI（知道但没有利用过KPI的人）。"

"想要实际制作KPI。"

"想要告诉别人自己今天所学的内容。"

如果您读完这本书后也有同样的感想，我也会感到十分高兴，并认为我写的这本书算是成功的。

## 从基础到实践，再到提高

每次的讲座我都会提前给听讲人发一个问卷，了解他们"想要从这次讲座学到什么内容"。从问卷结果来看有各种各样的回答。既有想要从最基础的部分开始学起的人，也有已经有丰富的KPI管理实践经验想要进一步提高

超越绩效——成长型企业KPI开发与实操

的人。

由于以上各类人群的满意度都很高,我认为这本书也应该能够满足各类读者的需求。

举例来说,让我们来看看某一次讲座前的问卷调查的回答吧。

◎ 想要从基础开始学习KPI的人群

・想要从KPI的基础学起。

・想要从"到底什么是KPI"的部分开始学习。

・因为不知道KPI是什么所以想要弄懂。

・不太明白KGI和KPI的区别。

◎ 想要实际制作KPI、将其运用到实践中的人群

・想要学习日常业务中会接触到的KPI的思维、设定方法等。

・知道什么是KPI,想要在自己的业务中运用这种管理方式。

·有实际设计KPI的任务，所以想要对其进行系统学习。

·想要系统学习相应的KPI策划逻辑。

·想要理解有关KPI制作的大致内容。

**◎想要提高KPI管理水平的人群**

·想要通过KPI来掌握实现业务改革的管理技能。

·想要进一步加强制作业务计划和KPI监管等实际业务能力。

·希望自己能够学会判断开发项目的KPI是否合理。

·想要掌握业务KPI的设计、分析角度、思维方式。

·想要与业务主管站在同样视角进行对话、讨论。

·想要在项目的投资决策阶段检查KPI的合理性以实现成功立案。

本书希望能够帮助有以上疑问的人解决问题。

超越绩效——成长型企业KPI开发与实操

当然，KPI管理也并不是万能药。

所以其也并不适用于所有的情况。

**然而，如果能够正确地理解、运用KPI管理，其适用范围还是相当广泛的。此外，"深入理解后而不运用"与"因为不知道所以没有使用"这两者之间也存在着巨大的差别。**

这里再重复一次，KPI管理的实际运用范围远远超过人们的想象，希望大家一定要深入学习并对其进行实际运用。

# 目 录
CONTENTS

**第 1 章 KPI的基础知识 \ 1**

01 什么是KPI \ 3

02 常见的错误KPI制作方法 \ 15

03 如何制作合格的KPI

——KPI制作步骤①② \ 24

04 流程确认需要模型化

——KPI制作步骤③ \ 26

05 锁定（设定CSF）

——KPI制作步骤④ \ 30

06 设定目标——KPI制作步骤⑤ \ 34

07 确认实用性——KPI制作步骤⑥ \ 37

08 事先探讨对策与达成共识

——KPI制作步骤⑦⑧ \ 42

专栏 提前准备还是事后考量 \ 46

## 第2章 KPI管理实战要诀 \ 53

01 如何分辨错误KPI \ 55

02 如果KPI是信号灯，其数量只能是一个 \ 58

03 到底是谁的KPI \ 62

04 特别注意分母为变量的情况 \ 66

05 必须克服的两道坎儿 \ 71

06 关键词PDDS \ 75

07 你是否能把握PDDS循环一周的周期 \ 80

08 用PDDS来强化组织 \ 86

专栏 Recruit的看家法宝"TTP和TTPS" \ 88

## 第3章 在实际运用KPI管理法之前需要了解的3点 \ 95

01 用"构造"和"水平"来把握公司的方向 \ 97

02 通过KGI实现Going Concern \ 100

03 实现利润最大化的基本思路 \ 105

# 目 录

## 第4章　通过各种案例进行学习——KPI案例集 \ 111

01　案例1　通过强化特定业务来提高业绩 \ 113

02　案例2　通过聚焦区域扩大业绩 \ 127

03　案例3　根据商品特性将特定用户数设定为KPI \ 131

04　案例4　赶在时代变化之前转向特定商品 \ 140

05　案例5　在计量收费模型中从提高订单率入手 \ 148

06　案例6　招聘活动中的KPI思维 \ 153

07　案例7　明确公司外宣的目的设定KPI \ 161

08　案例8　将员工满意度纳入KPI是事务部门的基本工作 \ 165

09　案例9　让集客专员自由决定集客单价 \ 169

10　案例10　做好工作所需的KPI \ 173

11　案例11　在"百岁人生时代"健康生活的KPI \ 178

## 第5章　试着制作KPI吧 \ 183

01　复习KPI制作步骤 \ 185

02　开始KPI管理前的准备工作 \ 188

03　确认KGI \ 192

04　确认差距 \ 195

05　确认流程 \ 199

06 锁定（设定CSF）与KPI \ 213

07 确认适用性 \ 215

08 事先商讨对策 \ 217

09 达成共识，实际运用 \ 220

10 持续反复改善 \ 222

11 何为终极的KPI管理

　　——所有判断都与KPI相关联 \ 224

专栏　最好的回顾都是"实时"的 \ 227

# 结　语 \ 228

第 1 章

# KPI的基础知识

## 01 什么是KPI

"前辈,请问KPI是什么?"

后辈问道。

那么,你会如何回答呢?

在办讲座的初期,我也曾不给任何提示地提出过这个问题。

然而所收到的回答并不理想。

拿几个当时的回答做例子。

"就是通过数字来分析业务。"

"就是管理很多数字。"

"就是销售额和利润。"

超越绩效——成长型企业KPI开发与实操

像这样的回答占了一大半。

说不定手里拿着这本书的读者中就有人认为这些回答是正确的。

## 容易被错误理解的"KPI的定义"

"通过数字来分析业务"或"管理很多数字"并不是在说KPI管理,其是指单纯通过数字来进行管理,也就是Indicator(指数)管理,这一部分在后文再进行详细阐述。

这种说法恰恰是漏掉了KPI中的"K"和"P",也就是"Key Performance"的部分。

"销售额和利润"这一回答其实指的是KGI(Key Goal Indicator)。比较KGI和KPI这两个缩写可以看到二者仅有一字之差,即中间的P(Performance)和G(Goal)的差别。

**也就是说KGI展现的是最终的目标值。**

虽然肯定有能够讲清楚这点的人,但是将其与数据管理还有KGI(Key Goal Indicator)混淆的回答还是明显占多数的。

## 第 1 章　KPI的基础知识

于是，差不多从开办讲座的第三年开始，我加上了如下的"提示"。

> 提示 →　KPI是"Key Performance Indicator"的缩写
> Key Performance意为"业务成功的关键"
> Indicator意为"指标·数值目标"

加上这些提示后，回答的正确率大幅提升。

没错，请看下图。

**所谓KPI，就是将"业务成功"的"关键"用一个"数值目标"展现出来。**

简单吧。

这样简单明了的一句话就概括了KPI的全部内容。

**最大的要点在于，不是单纯用"数字"来分析业务，而是用"数值目标"来分析"业务成功"的"关键"。**

所以我给"业务成功""关键""数值目标"三个词加上了引号，为的是对关键的部分进行强调。

换言之，KPI管理就是在提出这么一个问题："你知道怎样才算'业务成功'吗？"

也就是说，如果不明白怎样才算"业务成功"，那么KPI管理也就无从谈起。

## 何为 KPI？

Q：如果遇到后辈提问"什么是 KPI"，你要怎么回答呢？

**K** Key ——— 业务成功的关键

**P** Performance ——— 指标

**I** Indicator ——— 数值目标

所谓 KPI，

就是将业务成功的关键

用

一个数值目标

展现出来。

另外,"一个"也是关键点,对众多的"数值目标"进行分析也不是KPI管理。"一个"是一个非常重要的关键词,有关它的内容会在后文进行详述。

## 首先要记住的三个登场人物

让我们通过图表来了解与KPI相关的总体性内容吧。主要登场人物有以下三个。

① KGI(Key Goal Indicator)=最终的数值目标。

② CSF(Critical Success Factor)=最重要的流程。

③ KPI(Key Performance Indicator)=最重要流程的数值目标。

下图从左往右是按照时间轴的顺序排列的。左端是"现在",也就是"初期"的意思,右端是"未来",也就是"期末"的意思。换言之,时间是按照从左往右的顺序流动的。

超越绩效——成长型企业KPI开发与实操

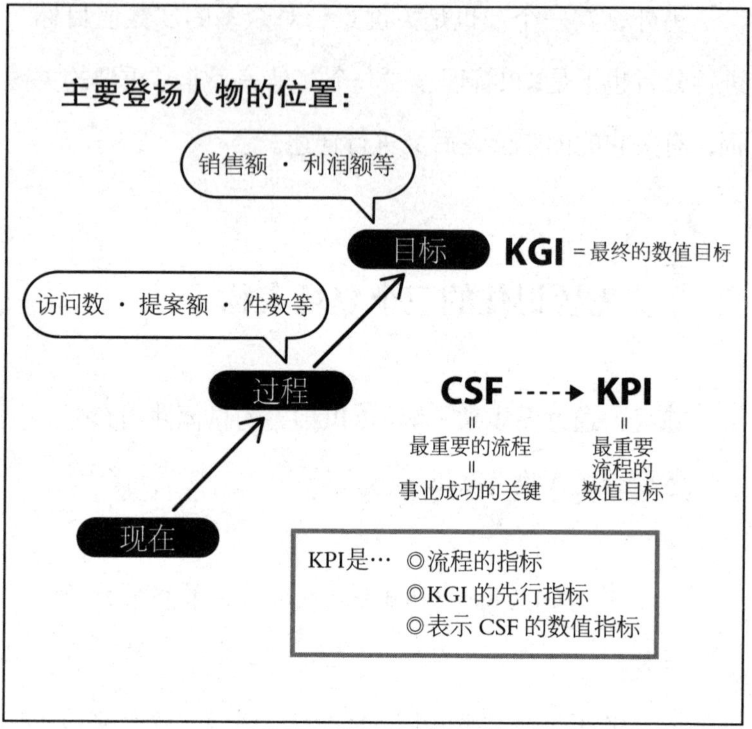

写着"目标"的地方正好就是"期末"的时间点。根据公司的不同,有的安排在半年后,有的在一年后。

在目标的旁边是KGI,这是第一个主要登场人物。

**KGI是Key Goal Indicator的省略,是指在期末阶段想要达到的最重要的数值目标。**一般来说,公司全体层面的利润等数值目标就属于这个范畴。

经营部门的销售目标额等,或者事业开发部门的用户数等目标数值也都属于KGI的范畴。

## 第1章 KPI的基础知识

KGI是指期末阶段预计要达到的数值目标。因为相关人员之间关于目标的认识常常会有偏差,所以这里专门从目标开始讲起。

## 为何相关人员关于目标的认识会产生偏差呢

有关目标的认识偏差常常产生于两个地方。

**第一种是关于目标本身产生偏差。**

也就是说在这种类型的案例中,关于所指向的目标本身为何物这点就是存在偏差的。举个例子,相关人员关于最终的目标到底是利润、销量还是用户数所产生的认识偏差就属于这类。

也可以用旅行来比喻这种状态。

目标就好比旅行当中的"目的地"。是去法国还是去夏威夷,又或是去日本国内的福冈还是福岛,如果目的地定不下来旅行计划也就无从谈起。

说出来可能有人不会相信,虽然实际生活中很少有未决定好目的地的旅行计划,但是相关人员之间并未确定好统一的商务目标的例子却屡见不鲜。

超越绩效——成长型企业KPI开发与实操

第二种则是关于数值产生偏差。

当围绕同一目标比如"利润"达成共识时,目标利润的数值也会有所偏差。特别要注意有最低目标额和尽可能达到的目标额等各种目标数值。

如果用旅行来打比方的话,这就是旅行日程安排有差异,到底是住5天还是住6天?又或者是预算上有偏差,就像有的人只考虑旅行的费用,而有的人则会将在当地的花费也纳入考量,等等。

为了消除双方的偏差,理所当然地,需要相关人员之间提前进行确认。

目标与数值目标。

二者就类似于旅行中的目的地与日程安排,或者是需要提前商量好的预算。

## CSF是"最重要的流程"

当对目标与具体数值目标进行确认并达成共识之后,接下来第二位要登场的主要人物就是CSF。CSF是Critical Success Factor的缩写,直译过来就是"关键成功因素"。

其展现的是业务成功的关键点。

第1章 KPI的基础知识

何为 CSF？

**C** Critical 重要的

**S** Success 成功

**F** Factor 要素

＝

最重要的流程

＝

事业成功的关键

※KFS = Key Factor for Success
这一表达也是同样的意思。

为了达成KGI，有很多必须要完成的流程。而CSF就是其中最重要的流程。由于其本身是一个流程而不是作为结果的目标，这就意味着需要提前对其实施落实。

以经营部门为例，当销售目标已确定，为了提高销量就需要完成顾客访问、提案活动等流程，这些具体的流程就是CSF。换言之只要好好落实这些流程，就能够最终达成目标，CSF就是这样的流程。

另外，由于是一个具体流程，就要求能够在现场对其进行掌控。也就是说通过现场部门的努力能够使其发生变化。

在众多的流程当中，选取一个最重要的步骤出来。

以上就是CSF的部分。

## KPI就是CSF的数字化表达

第三个压轴出场的便是KPI了，全称Key Performance Indicator。

KPI就是第二个登场人物CSF的一种数字化表达。

也就是说，作为最重要的流程的CSF要实行到怎样一种程度才能在期末时达到KGI，用来呈现这一程度的数值

第 1 章　KPI 的基础知识

就是KPI。反过来说，只要在期末时达成KPI就等于最终达成了KGI。

下图展示的是三者之间的关系。

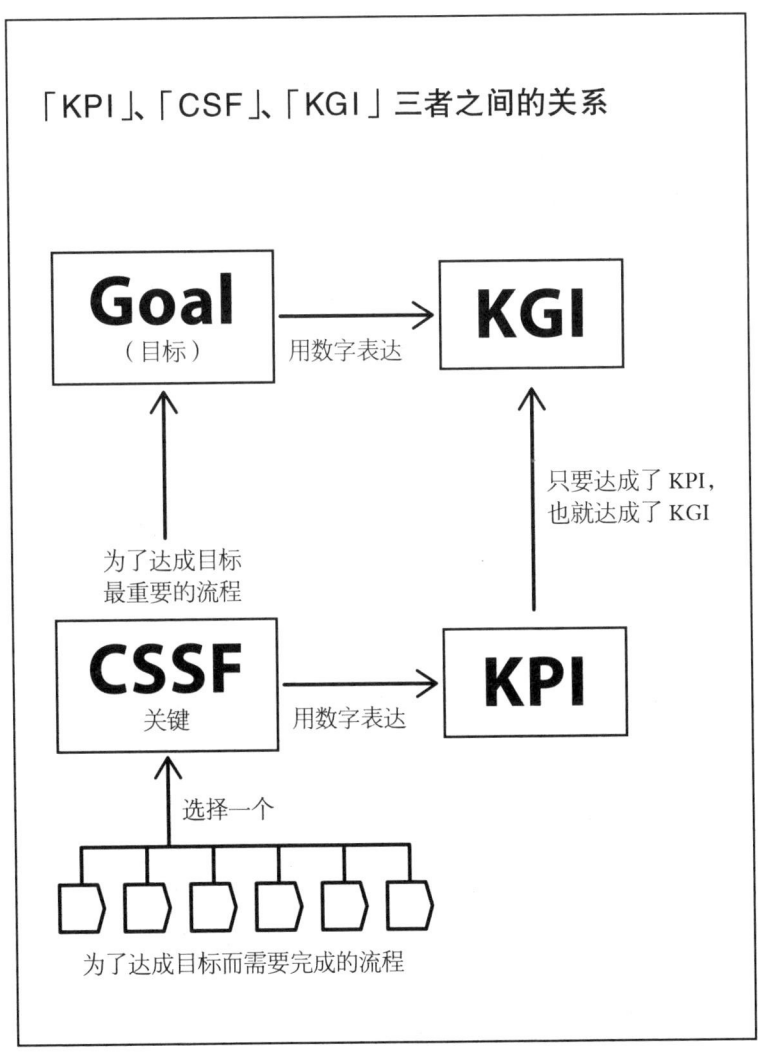

「KPI」、「CSF」、「KGI」三者之间的关系

在这里针对KPI进行一个总结。

KPI是KGI的先行指标,是一种(能在现场进行控制的)过程性指标,是CSF(业务成功的关键)的数值指标。

除了KPI,刚才讲过的还有KGI、CSF这些术语,说不定有的读者的脑子已经有些混乱了。但是至少,要提前记住KPI,记住这个后再去理解其他两个重要术语就问题不大了。

第1章　KPI的基础知识

## 02　常见的错误KPI制作方法

我在讲座中会问大家是否有人制作过KPI，结果是并没有人能很自信地举手。也对，如果有自信应该也不会来听我的讲座。

接着我会进一步对那些举手的人提问："是否有人能够熟练地对其进行运用呢？"

果不其然，这个时候，接近一半的人都回答没有这个自信。那，这些无法灵活运用的人的共同点是什么呢？

**那就是KPI的制作方法，也就是流程上出了问题。**

**如果用错误的流程来制作，当然没有办法做好。**

下图总结了常见而典型的错误的KPI管理运用方式及其结果。

超越绩效——成长型企业KPI开发与实操

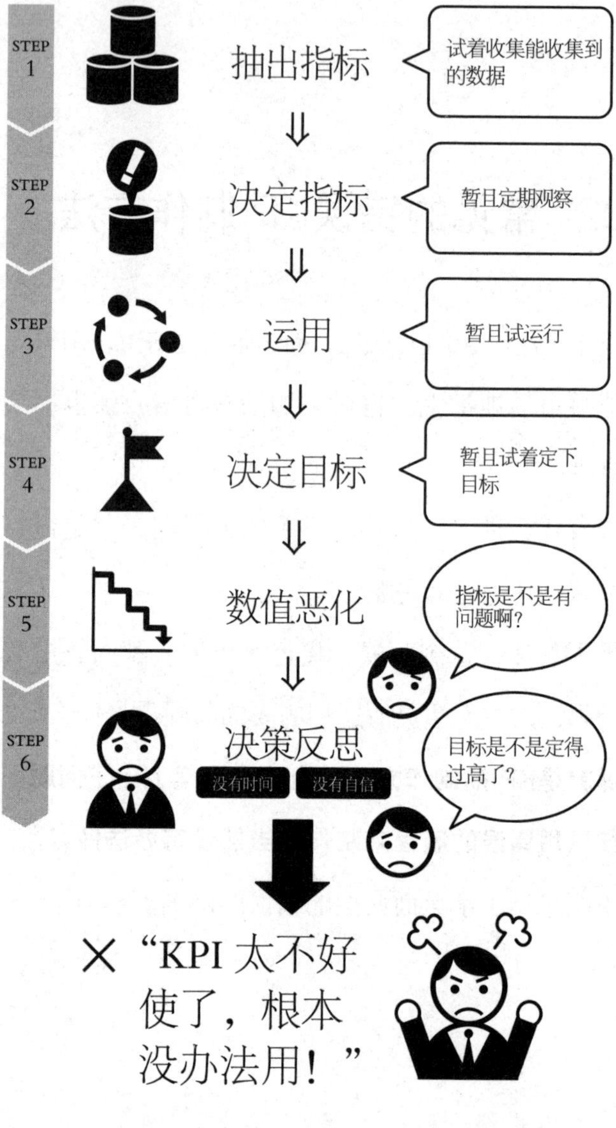

这是一般情况下，组织刚刚决定导入KPI管理方式并任用负责人后，负责人按照自己的方式进行管理的常见模式。

## 设定KPI时的易错点

上图出现了很多的错误点。

**举个比较易懂的例子，在KPI管理当中明明有3个主要登场人物：KGI、CSF、KPI，结果只有KPI出现了。**

登场人物都没到齐也难怪会做不好。就算有KPI登场了，最后却丢下一句"KPI太不好使了，根本没办法用"。大部分抱怨KPI管理不好用的案例都有这个倾向。

还有很多人则是把聚焦于最重要数值的KPI管理，与只是对众多数字进行管理的数据管理，混为一谈了。

**仅仅完成了图表的第一步，也就是"试着收集能收集到的数据"这一步就感到满足的人也不少。**

因为他们觉得"首先要把握好现状"。但是只是把握好现状能发现的问题其实是有限的。然而，当他们实际开始分析数据之后才发现其实很多案例仅仅靠把握现状是不够的。

超越绩效——成长型企业KPI开发与实操

接着就按照步骤2"暂且定期观察"、步骤3"暂且试运行"、步骤4"暂且试着定下目标"做下去,一口气就把"冒牌KPI"定了下来。

这里再重复一次,此时最终目标KGI也还没有定下来。当然,与其他相关人员也还没有达成共识。另外,也没有对CSF,也就是实现KGI最不可或缺的一步进行确认。

如上图所示,单单把CSF的数值目标,也就是KPI定了下来。

另外,在这个阶段还有4种错误的典型案例。

**第一,设定众多的数值目标。**如果是这样的话,KPI里的"Key"就毫无意义可言,就只是单纯的数据管理了。

**第二,将无法在现场进行掌控的指标设定为KPI。**

**第三,选择滞后指标而非先行指标的案例。**

接下来让我们详细地分析一下第二种和第三种错误案例吧。

**将GDP设定为KPI的失败案例**

进行长期数据监测后,发现自己的业务销售额与GDP之间存在着较强的关联性,因此就将GDP设为KPI指标。

这是大错特错的。

这个案例中的GDP只是一个例子,除此以外的政府统计数值，比如有效求人倍率（劳动力市场中需求人数与求职人数之比）、景气动向指数等也是一样。这种失败案例是稍微能读懂数据的人，或是刚开始使用统计软件的初学者容易掉入的坑。

我自己也在差不多20年前犯下过同样的错误。

到底哪里不对呢？

如果对实际的KPI管理运用有一个大致的认识，应该就能很容易弄明白错误点在哪。第一点就在于KPI指标恶化时应该如何应对。在KPI指标恶化的时候，需要讲究一些策略，试着改善KPI数值。

比如说，当目标用户数为KPI指标时，数据出现恶化的情况下，为了改善数字就需要强化集客活动。

**然而如果是GDP这样的统计数字，或是其他的全国性的数据结果出现恶化该怎么办呢？像我们这样的单单一家民间企业是起不了什么作用的。**

单单一家公司不可能通过自己的业务来影响GDP。也就是说，如果将GDP设定为KPI，当数据出现恶化时，是无法去改变KPI的，能够做的就只有改变作为目标的KGI。

具体来说就是下调KGI的目标数值。

其实有时会根据经济状况的变化来对目标数值KGI的

超越绩效——成长型企业KPI开发与实操

**无法设为 KPI 的代表性数值**

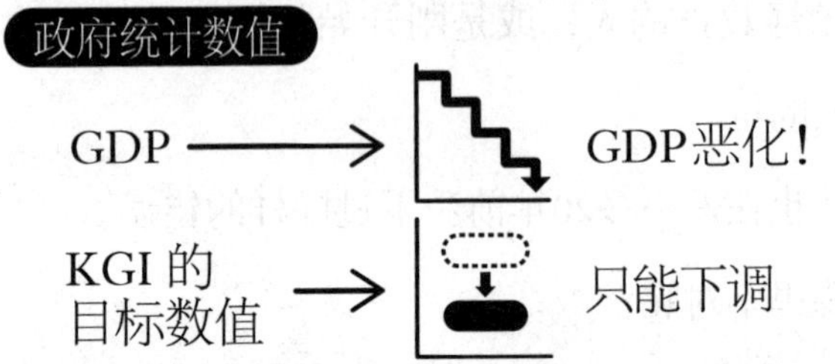

政府统计数值

GDP → 📉 GDP恶化！

KGI 的
目标数值 → 只能下调

不应将本公司、本组织无法控制的
数值设为 KPI。

× GDP
× 有效求人倍率
× 景气动向指数

设定进行调整。但是，这些都是在初期设定目标的时候或者修正目标数值的时候做的工作。

换言之，就是项目立案、计划修正时做的工作。虽然也是与数字相关的工作，但很可惜，这并不是KPI管理。

真正的KPI管理中，要就"为达成KGI需要展开的工作"进行观察，要按需制作策略实施管理。

另外还有一点就是，**GDP或是其他的政府统计数值发布的时间太迟**。比如说，9月前的数据一般都是在次月或者两个月后才发布。如果是要研究长期的数据关联性，那用有迟效性的数据也没有问题。只要对过去的数据，也就是能够入手的数据进行分析就OK了。

然而，在KPI管理中有一点非常重要，**那就是尽量对当季的、现在的，甚至是当下瞬间的数据进行把握**。如果只能获取滞后的数据，那么企业策略的改进也会出现滞后。这不仅是政府统计数值会有的问题。

**即时获取数据也是要点之一。**

请牢记，像GDP这种我们无法控制的数值，或是就算能进行控制但具有滞后性的数值是不能作为KPI加以运用的。

**第四，定期观察的指标中没有CSF。**

这也是最后一个常见的错误案例，如22页的插图所示，就是定期观察的指标中没有CSF的情况。

比方说，有这样一些需要定期进行观察的指标：销售额、利润、顾客数、平均客户销售额，等等。

这个时候就要从这些指标中选定出一个作为KPI。

然后再对其进行观察。

**如果管理的过程中观察的是错误的指标或数值，那么自不必说，是没有办法顺利进行业务运营的。换个说法，**

## 定期观察的指标中没有 CSF 的案例

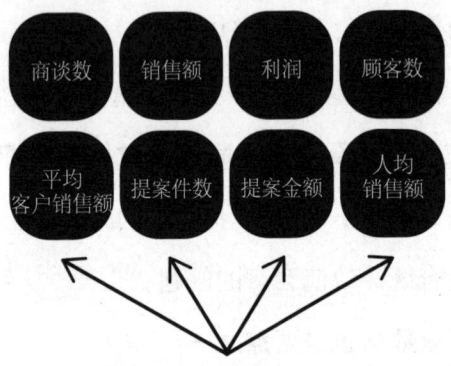

- 商谈数
- 销售额
- 利润
- 顾客数
- 平均客户销售额
- 提案件数
- 提案金额
- 人均销售额

定期对各项指标进行观察
⇩ 从中选取 CSF
×

---

60 千米/小时

KPI

弄错了应该进行观察的指标或数值
⇩
×

**糟糕的结果**

"KPI 太不好使了,根本没办法用!"

## 第1章　KPI的基础知识

**这就好比是开车的时候看错了速度表。**

假设按照60千米的时速开车能够在预定的时间到达目的地，然而却把速度表上的数字看错了，那么会发生什么情况呢？那就无法按照预定的时间到达目的地。

或者，如果把别的表盘错看成速度表又会发生什么情况呢？那可能就会不小心超速，最后因违反交规而被罚。

因为是基于错误指标进行的管理活动，一旦"冒牌KPI"数值出现恶化，就算按照第六步那样进行决策反思，工作现场还是理所当然的会有质疑的声音出现："指标是不是有问题啊？""目标是不是定太高了啊？"

虽然设计KPI指标的人员也一直很卖力地在做成数据，但其在这个时候往往就会没有自信，也无法在逻辑上进行反驳。结果，具体部门及运用人员都会发出同样的声音：

"KPI太不好使了，根本没办法用！"

然后KPI的运用就变得虎头蛇尾。

然而，这其实只是他们自己的用法出了问题。

那么到底要怎样才能正确地进行KPI管理呢？

# 03 如何制作合格的KPI
## ——KPI制作步骤①②

下图对标准KPI管理步骤进行了总结。

只要按照图表的说明就能制作出合理可行的KPI。

那么就让我们来看看每一步的要点吧。

开头的两个步骤分别是确认KGI，以及KGI与现状之间的差距。第一步就是要确定自己所在组织的目的地到底在什么地方。对企业来说就是盈利，对经营部门来说就是销售额，对开发中的服务业务来说就是用户数。

如果相关人员关于目标的态度有分歧则无法继续往下沟通。相关人员之间需要提前就共同目标及目标数值进行确认，这一点非常重要。

然后要预测如果按照现状这样发展下去，半年后会是一个怎样的情况。要把握预测数值与KGI之间的差距，如

第 1 章　KPI 的基础知识

果两者之间不存在差距，也就没有必要进行KPI管理了。

## 正确制作 KPI 管理的步骤

|  |  |  |
|---|---|---|
| STEP 1 | 确认 KGI | 利润为 ×× 亿等 |
| STEP 2 | 确认差距 | "现状"与"KGI"之间的差距为 ×× |
| STEP 3 | 确认流程 | 模型化 |
| STEP 4 | 锁定 | 设定 CSF（最重要流程） |
| STEP 5 | 设定目标 | KPI 的目标设定为 ×× |
| STEP 6 | 确认可行性 | 是否具有整合性、稳定性、简明性，等等 |
| STEP 7 | 提前探讨策略 | 提前探讨 KPI 恶化时的对策，以及 KPI 的有效性 |
| STEP 8 | 达成共识 | 与相关人员达成共识 |
| STEP 9 | 运用 | |
| STEP 10 | 持续地改善 | |

## 04 流程确认需要模型化
### ——KPI制作步骤③

当预测数值与KPI之间不存在差距时，也就是按照现状继续运营下去就能达成KGI的情况下就没有必要去设置新的KGI。

然而，很多组织在大部分情况下都没有办法达成KGI，此时就是KPI管理方式发挥威力的时候。

比如说，当你已经明白按照现状运营下去无法达到利润目标时，你应该怎么做呢？

利润通常用"销售额−开支"表示，因此，大致可以分为两种方式。具体来说，要么就是提高销售额，要么就是缩减开支。

## 将本公司的商务活动模型化转为公式

首先要思考"如何提高销售额"。

具体来说就是要思考如何将本公司的商务活动模型化,也就是用公式的形式呈现出来。

用最简单的方法来表示销售额就是**销售数量 × 平均单价**。销售数量可用 [ 接触量 × 订单率（CVR）] 来表示。

**如何提升利润?**

利润 = 销售额 − 开支

即

利润↑ = 销售额↑ − 开支↓

要想提升利润就需要：
提高销售额或缩减开支

↓ 将本公司的商务活动模型化变为公式

销售额 = 销售数量 × 平均单价
　　　　　 ｜　　　　　　 ｜
　　　接触量 × 订单率（CVR）　价格

销售额 = 接触量↑ × 订单率↑ × 价格↑

订单率就是一个用来表示最终成果占比的指标，也叫作Conversion Rate。在本案例当中，指的是接触量与销售量的比例。

如果将平均单价省略为价格，那么可以用一个乘法算式来表示：销售额=接触量×订单率×价格。

如果想要提高销售额，大致有以下3种方式。

① 增加接触量。

② 提高订单率。

③ 提高价格。

这时要思考我们的具体措施。

拿经营活动来举例，就可以表示为上图所示的公式。

要提高接触量，就需要增加经营对象顾客数。因此，可能还要相应地增加经营专员的人数。

要提高经营订单率，要么就需要对消费者进行刺激，要么就需要对员工加以培训。

而价格的部分则可以通过提高原价或降低折扣来实现。这些都是调整数值的一些基本思路。

## 第1章 KPI的基础知识

### 以经营活动为例，提高销售额的可选项

销售额 = 接触量 × 经营订单率 × 价格（原价 − 折扣）

**对策举例**

- 增加经营对象顾客数
- 增加经营专员的人数

- 刺激消费者
- 培训员工

- 提高原价
- 降低折扣

# 05 锁定（设定CSF）

## ——KPI制作步骤④

在诸多的变量之中，最重要的流程要在步骤④当中锁定。即CSF（最重要流程）的设定。

锁定的方法分为两步。

举个例子，我曾负责的一个经营开发案例可用如下的算式表示：

**销售额=量（用户数）×CVR（订单率）×平均单价（价格）**

## 步骤1 区别定量和变量

首先要做的就是分清算式当中，哪些是定量，哪些是变量。由于定量是不变的，所以就可以将其从CSF的候补中剔除。

然而完全不发生数值变化的定量是少之又少的。实际上，其多少都会发生一些变化，之所以能够将其作为定量，换言之是因为该要素在工作现场的实际操作过程中，可对其进行控制变化的范围很小。

而剩下的要素就是变量了。

## 步骤2　从剩下的要素中选择CSF

还是举我负责业务开发时的例子。

在"销售额=量×CVR×平均单价"这个公式中，价格被当作了定量。其实价格本身是会发生轻微变化的，然而在这里我们却认定价格是不会也不能上调的。

尽管还是会向用户（个人）就企业进行介绍，但是其究竟购买多少商品，大多数时候还是要看用户本身的情况和企业本身的商品实力及经营能力的。这些都是我们没有办法进行控制的。

**正因为无法控制，所以将其设为定量。**

**那么剩下的就是量和CVR了**。要想增加接触量，很多时候都需要集客费用投资等新的资源。资源则包括资金和

## CSF（最重要流程）的设定方法

**第一步** 将模式化后的公式的项目分为"定量"和"变量"

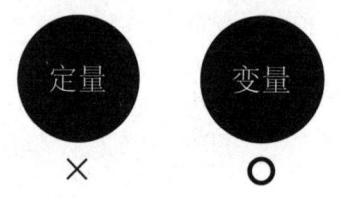

定量 ×

变量 ○

**第二步** 从变量中选取 CSF（假设价格为定量）

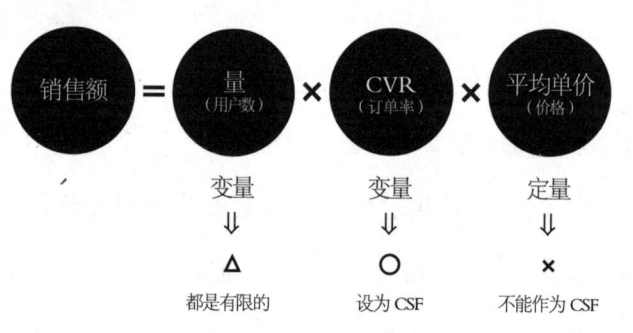

销售额 = 量（用户数） × CVR（订单率） × 平均单价（价格）

- 量：变量 ⇩ △ 都是有限的
- CVR：变量 ⇩ ○ 设为 CSF
- 平均单价：定量 ⇩ × 不能作为 CSF

将提高 CVR 的步骤进行因数分解

认知 ⇒ 使用 ⇒ 介绍多家企业

CSF= 增加介绍的企业数量

人员。

我曾负责的是业务开发,也就是启动新业务的工作。资金和人员都是有限的。所以我们当时的CSF自然就是CVR。

接下来,我们将对提升CVR的步骤进行具体的因数分解。

比如说将其分解成"认知→使用→介绍企业",这样一来就可以将增加企业介绍工作定为CSF。

进一步对数据进行分析后可以发现,相比于向用户就单单一家企业进行介绍,同时介绍多家公司的方式签订合同的可能性会更高(=CVR提高),这也是通过观察数据能够把握的。

**这样一来就可以将"介绍多家企业"定为CSF。**

# 06 设定目标
## ——KPI制作步骤⑤

要给步骤④中定好的CSF设置一个多大的数值目标，这就是步骤⑤里的目标设定问题。而这个数值就是KPI。找到CSF是非常重要的一步，只要能把这一步做好，后面的目标KPI设定就比较简单了。

举个例子，假设某公司向单人顾客进行一种提案的订单率为10%，进行多种提案的订单率为33%。

那么要提高订单率=CVR就需要给出多种提案。这里的"多种提案"就是CSF。如果订单的平均单价为10万日元（约6000元人民币），设定销售目标为1000万日元（约60万人民币），由此就可算出KPI为多少。

用销售目标（1000万日元）÷平均单价（10万日元）÷订单率（33%）就可看出需要向303名顾客提案。这里的

第 1 章　KPI的基础知识

## 终于到了设定KPI的环节

一种提案 → 订单率（CVR）**10**%

多种提案 → 订单率（CVR）**33**%

**CVR**要想提高

就需要给出多种提案

这就是**CSF**

订单的平均单价 **10** 万日元
销售目标 **1000** 万日元

此时的**KPI**是？

### 一种提案的案例

销售目标　平均单价　订单率
1000万日元 ÷ 10万日元 ÷ 10%

= **1000**

⇩

必须要向**1000**名顾客提案

### 多种提案的案例

销售目标　平均单价　订单率
1000万日元 ÷ 10万日元 ÷ 33%

= **303**

⇩

**KPI**就是向**300**名顾客给出多种提案

303就是KPI。如果CVR为10%的话，进行计算（1000万日元÷10万日元÷10%）后，得出结果为需要向1000名顾客提案。由此可以看出找出该CSF后的效果。以上就是KPI设定过程中的第一座大山。

## 07 确认实用性
### ——KPI制作步骤⑥

接下来就是另一座大山。即**"可实际运用的KPI"的设计步骤**。

首先要做的就是在接下来的步骤⑥中确认KPI的实用性。换言之就是提前确认所设计的CSF与KPI在理论层面上的合理性,即观察是否能实际对其进行运用。

这里有3个要点。

① 整合性。

② 稳定性。

③ 简明性。

接下来逐一进行讲解。

## 确认实用性的 3 个要点

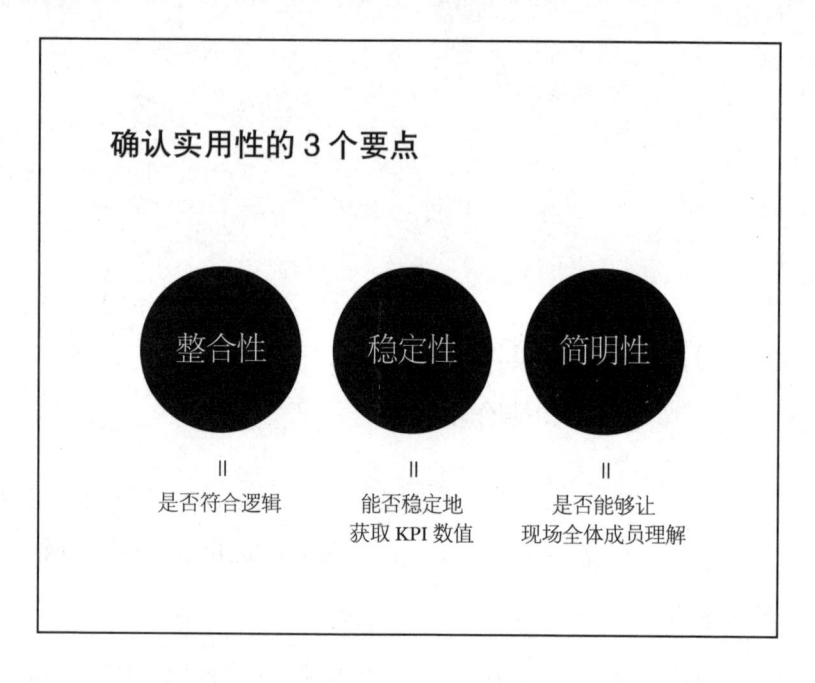

- 整合性 = 是否符合逻辑
- 稳定性 = 能否稳定地获取 KPI 数值
- 简明性 = 是否能够让现场全体成员理解

## 整合性——确认理论层面上的合理性

**第一个关键点就是整合性，即是否符合逻辑。**

**换言之就是确认其在理论层面上的合理性。**

具体来说就是要对如下问题的整合性进行确认：KGI 是否会随着 CSF 变化，KPI 达成后是否 KGI 也随之达成，等等。

在前面所介绍的我在做业务开发时候的例子中，只要向用户（个人）介绍多家企业，CVR就能随之提高。

然而现状则是在大多数案例中只能做一家公司的介绍。

所以就需要让具体部门在现场强化CSF的这个流程，具体来说就是向个人客户多介绍一些企业。

于是，用户（个人）与企业所花费的时间和劳力都增加了。然而，容易令人感到担心的是增加劳力之后不一定能换来相应的成果。

刚开始实施KPI管理的阶段，有很多事情都需要实际操作后才能真正有所了解。在这种情况下，就需要尽可能地提前进行验证，与相关人员达成共识，这一连串的步骤非常重要。

如果时间充裕，理想的做法是圈定组织、地域、人员，限定时间，然后反复进行实验，提高准确度，而后再全面展开工作。

## 稳定性——是否能够稳定运营

第二个关键词是稳定性，即能否稳定地获取KPI数值。

在这一步要确认的是能否稳定地输出数据，具体来说就是看数据的获取与加工的日程安排是否与其他业务的日程安排撞车，数据获取是否必须依赖外部，等等。

前文我负责的业务开发的例子当中，需要统计的就只是介绍企业的数量，所以是可以稳定且及时地把握数据的。

今后随着RPA（Robotics Process Automation，机器人流程自动化）的发展，就算是稍微复杂的数据获取工作，这一部分的作业负担也会有所减少。

## 简明性——是否简单易懂

**最后的第三个要点就是确认其简明性。**

无论KGI与KPI之间的关系如何的符合逻辑，无论数据的输出如何的稳定，如果现场的成员完全无法理解KPI的内容，仍然是一件令人头大的事情。

所以有必要讨论这一系列的关联是否简单易懂。

在之前我自己做业务开发的例子当中，"介绍多家企业"是能够通过数据进行说明的。此外，相比于介绍单家企业，同时介绍多家企业的情况下用户（个人）的行动概率会相应提高，因此能够较为容易地对此结果进行理解。

第 1 章 KPI的基础知识

顺便说一下,"行动概率提高"是说假设个人用户可以从3家公司中选择一家公司,相比于只有单家公司的介绍,如果还能介绍另外两家公司,其做出决定的可能性就会因此提高。

## 08 事先探讨对策与达成共识
——KPI制作步骤⑦⑧

在接下来的步骤⑦中，我们要说一说KPI数值恶化的情况下，该如何提前制作对策。数值恶化时的对策大概可以分为4类。

① 投入更多资金。
② 投入更多人力。
③ 以上两样都做。
④ 保持现有战略（即不做任何改变）。

然而，等到数值实际恶化之后再开始讨论对策往往时间上都是来不及的。结果大多数情况就只是保持现有战略，或者不做任何探讨就大量投入必要的经营资源（人、物、钱和信息）。

这样只是非常原始性的管理方法。因此，需要事先准备对策应对数据的恶化。

## 哪些事项是需要提前做决定的？

需要提前决定的事项有4个。

① 什么时候（时间）。
② KPI恶化情况如何（程度）。
③ 该如何做（施策）。
④ 最终决断人（决策人）。

打个比方，施策1个月后（=时间），KPI比预期低20%的情况下（=程度），从其他部门调过来10名人员（=施策）。

第四项则是特别重要的，即谁可以作为决定对策实施与否的"最终决断人"。

KPI情况不佳，即问题出现的时候，决策投入的时间点至关重要。在这个时候如果让众人一同讨论是否追加相应对策往往很难做出决定，或者会耗费大量时间。

为防止这种情况的发生，就需要提前决定对策实施的最终决断人。

**通常来说将部门的领导定为最终决断人是最合适的。**

拿这个例子来说，经过一个月（时间），KPI比预想的数字低了20%（程度），需要从其他部门借调10人（施策）。这种情况下就需要提前决定由××董事（决断人）来做最后决断。

提前决定好这4个事项后，就可以暂时将其放置不管了。由此，KPI数字恶化的时候就能在短时间内做出相关决策。

在接下来的步骤⑧当中，相关人员应该就之前所确定好的KGI和KPI，以及KPI恶化时的相应措施，还有最终决断人的人选达成一致。

完成以上的8个步骤，就能进入第⑨步的正式应用了。实际运用后并不能就此撒手不管，还要通过第⑩步继续进行改善。

这些步骤与项目管理的设计如出一辙，像这种一直延伸到实际应用的步骤设计非常重要。

## 对策的提前讨论与达成共识

**KPI 指标恶化时的对策**

① 投入更多资金
② 投入更多人力
③ 以上两样都做
④ 保持现有战略（即不做任何改变）

⬇

## 提前定好对策

**需要提前决定的 4 个事项**

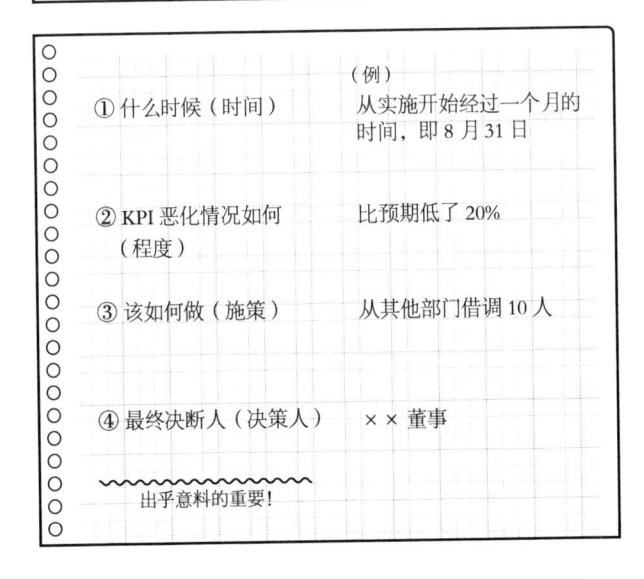

|   |   |
|---|---|
| | （例） |
| ① 什么时候（时间） | 从实施开始经过一个月的时间，即 8 月 31 日 |
| ② KPI 恶化情况如何（程度） | 比预期低了 20% |
| ③ 该如何做（施策） | 从其他部门借调 10 人 |
| ④ 最终决断人（决策人） | ×× 董事 |

出乎意料的重要！

# 专栏　提前准备还是事后考量

将错误的KPI制作方法与正确的KPI制作方法相互比较可以发现，可行的KPI的前半部分，也就是到实际应用前的部分所花费的时间是相当长的。

**用错误的KPI制作方法制作出来的KPI一旦投入实际管理运用，其出问题的概率则会大得多。**

换言之，其结果就是在后面的部分会花更多的时间。

也就是可行的KPI在前半部分花费时间，不可行的KPI在后半部分花费时间。

其实，用错误的方法制作KPI的人不仅是不会KPI的制作方法，往往在工作上他都是笨手笨脚的。我称这种类型的人为"顺序思考"的人，而较为精明的类型我将其称为"倒序思考"的人。

第 1 章　KPI的基础知识

# 提问：你是哪种类型

我在这11年里不只是在做KPI的讲座，还在Recruit集团的Media学校开设了另外一门讲座，主题是"数字的解读方法与活用"。

## 你会怎么分析？

事业部部长给了你以下的数据：

"5月份按照原计划，经营人员35人共完成销售额1.5亿日元（约671万元人民币），人均销售额为300万日元（约19万元人民币）。业绩非常可观。对此，你有什么问题吗？"

4个业务部门各自的销售额数据

| | | | |
|---|---|---|---|
| 首都圈 | 3800万日元<br>约243万元人民币 | 2150万日元<br>约137万元人民币 | 1650万日元<br>约105万元人民币 |
| 关西地区 | 1680万日元<br>约107万元人民币 | 1140万日元<br>约73万元人民币 | 540万日元<br>约35万元人民币 |
| 东海地区 | 1120万日元<br>约72万元人民币 | 700万日元<br>约45万元人民币 | 420万日元<br>约27万元人民币 |
| 其他地区 | 3900万日元<br>约249万元人民币 | 2850万日元<br>约182万元人民币 | 1050万日元<br>约67万元人民币 |
| 合计 | 10500万日元<br>约671万元人民币 | 6840万日元<br>约437万元人民币 | 3660万日元<br>约234万元人民币 |

47

在讲座的开始我会提问:

【问题】

假设你是某经营部门的经营企划负责人。相关事业部的部长给了你这样一份数据(参照上图)。

然后说道:

"5月份按照原计划,经营人员35人共完成销售额1.5亿日元,人均销售额为300万日元。业绩非常可观。对此,你有什么问题吗?"

你会怎样来分析这些数据呢?
面对这一课题,听讲人的反应大致可以分为4个类型。

类型① 什么也不做。
类型② 立刻开始计算展开分析。
类型③ 思考分析的目的。
类型④ 检查数据是否有误。

你更接近哪一种类型呢?

## 类型① 什么也不做

这一类人天生对数字无感。在与数字相关的工作前可以将其归类为"毫不努力的类型"。

不过也没办法。这种类型的员工最好还是让其做一些与数字无关的工作。

## 类型② 立刻开始计算展开分析

其实采取此类行动的人就是我之前所讲的"顺序思考"的类型。他们的特点往往是"虽然很拼命但是抓不到点子""努力了但是拿不出成果"。

可能有人会反驳说:他们早早地投入工作难道不是一种优点吗?然而果真如此吗?

就拿本案例来说,我会给听讲人这么说:

"不应该立刻就开始进行计算和工作。"

"要养成确认数字正确与否的习惯。"

"比如说，数字的位数是否正确？"

"构成比或份额的数值是否矛盾？"

"出处是否明确可靠？"

如果分析的是错误的数据，那就完全是在浪费时间。如果基于错误的数据进行业务决策……后果不堪设想。

像这种"从眼前的工作开始做起"＝"顺序思维"的做法，很有可能会多做一些无用功，甚至是闯出大祸（错误的判断）。

## 类型③ 思考分析的目的

选择这一选项的人往往会是精明能干、工作效率高、易出成果的人。可以称其为"倒序思维"的类型。

## 类型④ 检查数据是否有误

选择这一选项的人通常都能准确地处理数字，大多都从事对精准度有高要求的工作。

第 1 章　KPI的基础知识

※想要了解更多相关内容的读者,请参考我的另一篇文章——

《努力却换不来成果的人的问题到底出在哪
　　——取得成果的人都会"倒序思考"》

# 第2章

# KPI管理实战要诀

第 2 章　KPI管理实战要诀

# 01　如何分辨错误KPI

作为讲师，经常被问到的一个问题就是："你能快速分辨出错误的KPI吗？"就像之前解说的那样，只要了解正确的制作方法，当然就能进行分辨。

现在，我只需要看一眼KPI，就能判别其是否错误，甚至是大错特错。这仅仅需要一眨眼的工夫。

更准确地说，不需要进行具体的对话交流我就能够做出判定。

其实，这并不是只有我才能做到的事情，只要掌握要点，谁都能够进行分辨。

## 快速辨别错误KPI的方法

把握错误KPI相关情况的最简单的方法，就是一开始让提问者通过邮件发来自己所在部门的KPI管理方式的相关资料。

最典型的邮件就是在正文之外添加几句简单的说明及数份附件。在这种时候，就算不点开附件，也能辨别出错误的KPI。

**最典型的错误案例，就是附件为Excel等"电子表格软件"的情况。**一点开附件，就能看到Excel表格里排列着众多的条目和数字。也就是说其正对众多的指标在进行管理。

在之前的说明当中曾提到，KPI就是将"业务成功"的"关键"，也就是CSF用"目标数值"的形式展现出来。**既然是"业务成功"的"关键"，其数量也就只有一个。**如果是对众多的数值进行管理，那就不是KPI管理，而是数据管理。

就算其发来了Excel形式的附件，或者说就算其正在管理着各种数据，其邮件内容还是可以写道"这是我们的KPI""附件为参考资料"。

## 第 2 章　KPI管理实战要诀

不过可惜，我在实际生活中连这么多写一句的人都没有碰到过。也许对方是出于礼貌，会想着尽量帮收件人节省时间。

精炼简洁的句子其实是在帮对方尽量减少阅读负担，这一点单从邮件正文就能看得出来。

然而发Excel附件时并不进行补充说明的人其实都是比较少有这根弦儿的。

**如果是正确可行的KPI，对方发来的邮件正文处都会直截了当地写明KPI。比方说，"本期的KPI是介绍组数2万条"。其附件的内容则是选定CSF的过程或者KPI的数字逻辑等说明资料。**

由此，仅通过邮件的正文和附件，就能大致猜测其是正确可行的KPI还是错误的KPI。

说得有点复杂，简单来说，邮件里附带Excel文件的组织的KPI往往都是错误的。

因此，就能非常简单地辨别出来。

## 02 如果KPI是信号灯,其数量只能是一个

解释一下,我并不是说管理众多指标有什么不好或者有什么不对。只是说这并不是KPI管理,只是单纯的Indicator管理,也就是数据管理。

**而KPI管理这种管理方式,仅仅聚焦于最重要的数值。**

当然,经营企划专员或者商品企划专员都有必要对各种数据进行把握。在设定KPI的时候有时也需要对众多数据进行确认。

我想表达的内容就是**仅仅对众多数据进行管理的形式并不是KPI管理。**

## 需要看的信号灯太多了怎么办？

我在讲座中会打这样的比方来说明：KPI就好比信号灯。虽然好像并没有必要解释信号灯是什么，但是在这里还是先确认一下概念。

"绿灯"表示可以继续前进。
"黄灯"表示注意，或者停车。
"红灯"表示停车。

也就是说，如果达成了KPI的数值目标那就相当于是一个"绿灯"的状态，意味着"继续按照这个战略、战术前进是OK的"。

同样，如果未达成KPI就是一个"黄灯"的状态，意味着出了些问题。

如果未达成的状态一直持续，或者离目标差距很大，就是"红灯"的状态。

如果变成了"红灯"，就说明现有的战略、战术不应该继续下去，而是应该暂时停下来，实施之前所设定的对策。

试想一下。

假设车子前面是十字路口。

而这个十字路口有很多的信号灯该怎么办？

这个时候该前进呢，还是该停车呢？

实际生活中会面临很多的信号灯。然而，无论你是驾驶员还是路人，你所需要确认的信号灯只有一个。

**换句话说，如果把KPI比作信号灯，只有一个信号灯才是重要的。**

### KPI 即信号灯

绿　　　黄　　　红

继续按照这个战略、战术前进是OK的

未达成KPI

出现了问题

应该暂时停下来，实施之前所设定的对策

如果KPI是信号灯，其数量只能是一个。

也就是说"先行指标"里"先行"两个字是非常重要的。

**所谓"先行"就是需要事先了解的东西。**

打个比方，还是这辆车子进入十字路口，这时另一辆车横着开过来造成了交通事故。交通事故发生之后信号灯才变成红色，这就毫无意义了。

因为车子只有在进入十字路口前看到信号灯才有意义。

也就是说，如果KPI是信号灯，其数量只能是一个。

正如进入十字路口前必须弄清楚信号灯，"先行指标"也是必不可少的。

如果紧接着急转弯的地方有一个十字路口，有的时候在信号灯之前还会有相应的警示信号。

请记住，类似这种信号灯的KPI就可以称之为优秀的KPI。

## 03 到底是谁的KPI

在前文曾讲解到KPI是KGI的先行指标,是体现最重要过程的CSF的数值目标。

此外还说到,由于KPI的作用类似于业务运营的信号灯,所以其只能有一个,且必须为先行指标。

### KPI是为经营者而设吗?

那么,这个"信号灯"到底是为谁而设的呢?

说到这个"对象",既可以认定为经营者,也可以是经营专员。甚至可以再把对象拓宽,认定为经营干部或管理层以上的人员。如果将范围拓展到最广,还可以定认为是涵盖了所有员工的公司整体的目标。

对于这个问题并没有一个绝对的答案。

## 第 2 章　KPI管理实战要诀

暂且将KPI的范围设定在一部分人的身上，就定为经营者、经营专员、经营干部和管理层。

**假设KPI在运营当中遇到了数值恶化的情况，也就是红色信号灯亮起。这种情况下就需要改变战略或转变方向。**

**为了实行战略转变，就需要向不了解KPI的员工普及KPI的相关情况。**

在员工们看来，这仿佛就是晴天霹雳。所以根据情况可能还需要就KPI展开从1到10的说明。这么做就势必会花费一定的时间和工夫。如果可以的话还是应该尽量节省这样的时间。

特别注意KPI恶化其实是一种非常事态，如果任期继续发展下去就无法达到KGI这个最终数值目标。

KPI在日常里，也就是没什么特殊情况发生的时候只是起到单纯的定心丸的作用。但是，在紧急事态发生时，其发挥的作用却是非同寻常的。通过它可以评估出变更战略战术的必要性。

**这样看来，让全体员工都熟悉KPI才是KPI管理的理想状态。只有全体员工都对KPI持有热情，当KPI数值发生恶化时，各个部门才能够协同展开行动。**

能做到这种程度的组织我认为就已经是相当不错的组

织了。

但是，实际情况是很难设定出让全体员工都接受的KPI。但公司高层还是应该为此努力，尽可能让全体员工都对KPI产生热情。

要做到这一步，首先就需要让全体员工对KGI数值有一个认识。然后就要采取行动让员工们了解自己所负责业务的CSF是什么。

## 与员工共享KPI时的要点

既然已经明白KPI应为员工共享，那么在设定KPI时，负责人应注意这样两点。

① CSF应该简明易懂

虽然要考虑企业的规模、行业类型、员工的多样性等要素，但是作为KPI数值的基本，也是事业成功的关键，CSF的设定应该简明易懂。

打个比方，就像$A \times B \div C$这个算式，如果不考虑数学中的从左向右计算的顺序，就会让人搞不清到底谁应该跟谁相乘，谁又应该跟谁相除，所以最好还是应该避免这种情况出现。

## 第 2 章 KPI管理实战要诀

② 数值应该便于记忆

KPI的数值本身应该便于记忆,这点很重要。这里需要一些诀窍,比如取整数1000,或者像555(Go Go Go)[①]这样运用谐音。

不过,在实际生活中还是经常看到像9974、10543这种计算上问题不大,但是并不便于记忆的KPI数值。

请一定要记得选择便于记忆的数字。

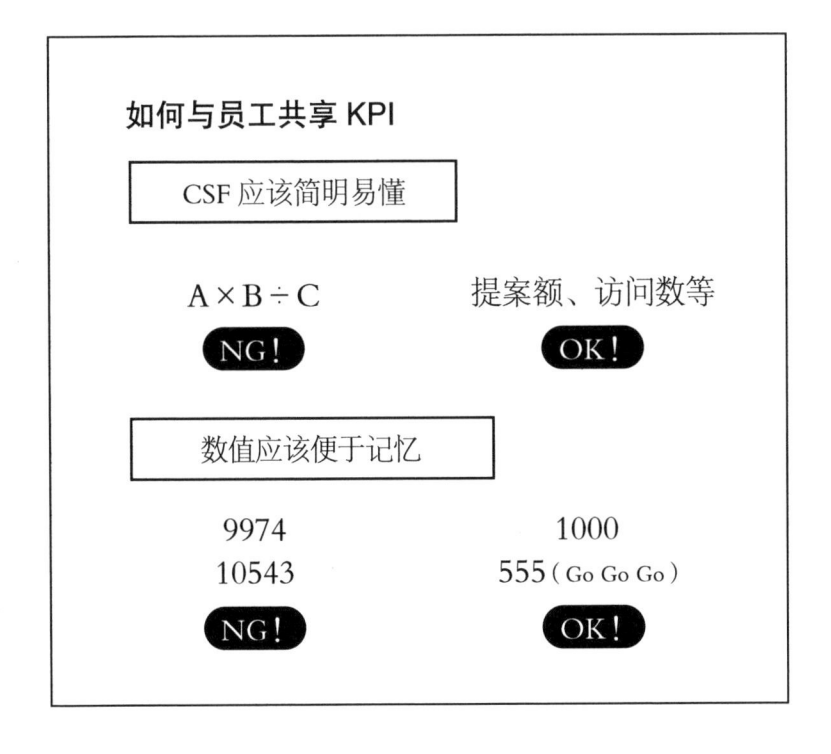

**如何与员工共享 KPI**

| CSF 应该简明易懂 |

A×B÷C　　　　　　　　提案额、访问数等
NG!　　　　　　　　　　OK!

| 数值应该便于记忆 |

9974　　　　　　　　　　1000
10543　　　　　　　　　555(Go Go Go)
NG!　　　　　　　　　　OK!

---

① 555(Go Go Go):日语中数字5接近英语Go的发音。——译者注

# 04 特别注意分母为变量的情况

在计算KPI的目标数值时，时常会用到分数。

分数里面当然就会有分母和分子。

通常来说，分子都是变量，然而分母也会分为定量和变量两种情况。如果分母是定量，打个比方在算式"达成率=实际业绩÷目标"中，目标数值并不会发生变化，所以它就是一个定量。

而在另一种情况当中，分母则为变量。举个算式为例，提案率=提案数÷来场数

**在分母为变量的情况当中，需要对数值的处理多加注意。**

## 案例：向全国各连锁店的到店顾客销售

举一个具体的例子来进行说明吧。

比如说，在全国开设的连锁店里，将到店的顾客数作为分母，然后将成功消费的顾客数作为分子，那么就可以将"提高销售率（=销售数÷到店数）"作为CSF。

用一个具体的数值来说吧，在全国10家分店里，100名经营专员每周的销售率需要达到80%以上。

全国的平均数值需要到80%以上，此外同样还需要将这个80%以上的KPI落实到各家分店、各个个人身上。

销售员A到周末的时候已经接待了50组（=到店数）顾客，其中完成消费的有40组。所以其销售率为40÷50=80%。

如果就按这个结果来算，其已经达成了KPI。

然而，就在最后一天将要关门的时候，又来了一组顾客。

这个时候A应该怎么办呢？

如果接待这一组顾客，那么就可以预设两种结果。首先是销售成功，销售率为（40+1）÷（50+1）=80.4%，依然完成KPI。这种情况就没什么问题。

然而，如果推销失败，销售额就是40÷（50+1）=78.4%，即未达成KPI。

**A可能会因为害怕完不成KPI而犹豫要不要接待这组客人。其可能会告知顾客让其下周再来。**

顾客也能理解他的难处，但A这么做很有可能会失去非常重要的一组客人。这100名销售员当中，可能也就只有A遇到了这种问题。

然而，要是到处都发生这种状况，对于公司来说则是一笔巨大的损失。这种工作方法可以说一点都不专业。

但这却是实际生活当中可能发生的情况。

在职业运动当中也可能会发生。

典型的例子就是首席击球手之争。说明一下，**安打数÷打数=打击率**。

安打数和打数都是变量。所谓首席击球手，就是颁发给取得本年度最高打击率的击球手的荣誉。争夺首席击球手的选手，有时会在决赛的时候放弃击球手的位置。

以上这些例子正体现了将分母设为变量的除法算式作为指标的弊端。对于好不容易专门跑来看这名击球手挥棍的粉丝来说，这么做无疑是辜负了他们的期待。

那么应该怎么做才好呢？

## 第 2 章　KPI管理实战要诀

**案例：**
**在计算 KPI 目标数值的过程中，对分数要特别留意**

【分母为定量】

$$达成率 = \frac{业绩}{目标数值}$$

【分母为变量】

$$销售率 = \frac{销售数}{到店人数}$$

⬇

**特别注意！**

【如果将 80% 的销售率设为 KPI】

A：接待了 50 组顾客，成功销售 40 组

$$销售率 = \frac{40}{50} = \boxed{80\%} \text{ 达成 KPI}$$

⬇

一组顾客恰好在最后一天关门前到店

成功销售的话

$$\frac{40+1}{50+1} = 80.4\%$$

○ 达成 KPI

未完成销售的话

$$\frac{40}{50+1} = 78.4\%$$

△ 未达成 KPI

**A 因此想要拒绝接待客人**

**当然就是抛弃分数,将实数作为指标。**

以棒球来说,就可以将安打数作为指标。为了打出安打球击球手就需要打出更多的球,只有这样,才有可能增加安打数。据说铃木一朗选手[①]正是因此才将安打数时刻挂在心头。

所以在之前举的例子当中,就应该把"销售数"而非"销售率"定为CSF。请记住,当KPI为分数的时候,应尽量避免分母为变量的情况。

---

① 铃本一朗:日本传奇棒球运动员,曾创下连续7年都取得打击王的日本纪录。——译者注

## 05 必须克服的两道坎儿

KPI是属于全体员工的,因此应当对CSF进行简化,KPI应该以简明易懂的数值呈现。可尽管心里明白这个道理,要转入实际操作也还必须跨越两道关卡。

**第一道就叫"傻瓜关"**,听起来似曾相识,然而还是有微妙的语义差别。

另一道叫作"**不安关**"。

### ▍一不小心就容易掉入的"傻瓜关"

首先解释一下什么是"傻瓜关"。

当我向相关人员指出需要找到方便全体员工理解的CSF时,他们最典型的反应是什么样的呢?

可能会有人赞同"方便理解"这一点。

然而在我刚说完需要把CSF做得简明易懂后，往往就会听到这样的反应——

"这个我当然知道。"

"我想听后面的内容。"

"为了找这么简单的一个东西需要这么大花时间吗？"

"浪费时间。"

——有这种负面的反馈本来也在我的预料之中。

我这么说可能太过武断或带有偏见，其实制作KPI原案的职员大部分都拥有高学历，从孩提时代开始就习惯于被人夸奖"聪明"，不习惯被人说"笨"。

**事实上，从复杂的事物当中筛选出一个要点并非易事。然而，由于选定的CSF比较简单易懂，所以他们就会猜想自己会不会因此遭到议论。**

也就是说，当他们提交出简明易懂的CSF时，他们可能会想"这样会不会被人当作傻子"，而这也就是其必须跨越的心坎儿。

这个心坎儿就是前面所说的**"傻瓜关"**。

## 何为必须克服的"不安关"?

另一道坎儿就是"不安关"。

限定单个CSF就是说所选选项以外的其他所有选项都要抛除。不过这样就会令有的人深感不安:要是选定的那个CSF恰好是错的该怎么办?

这再正常不过了。

**然而,如果向这种不安心理妥协,将CSF加到两个那就糟糕了。这样一来2个、3个似乎差别也不大,有时甚至还会没完没了地增加到4个、5个……**

所以一定要克服类似于"如果这样不行该怎么办"的心理上的"不安关"。

请记住,要想设定一个简单的CSF,就必须要克服"傻瓜关"和"不安关"这两道坎儿。

只有明白这一点,才有可能真正克服它们。

出人意料的是,这很大一部分都与个人意识相关。

在讲座上超过一半的人都能听进去我的这番讲解。

然而还有不到一半的人会露出一副半信半疑的神情,他们内心应该在想:"不只设定一个是不是也可以?"

这种想法必须要斩草除根。

其无异于认为可以同时有多个信号灯。

在这里就需要回到一个根本性的问题上——"KPI管理的必要性在哪里？"然后在此基础上说明为什么要设定一个简明易懂的CSF。

## 06 关键词PDDS

那么到底为什么一定要在组织当中引入KPI管理呢?

**一言以蔽之,KPI管理的有效运用可以使管理活动本身得到升级。**

持续升级管理活动的企业有一个共同点,那就是毫不松懈地持续性自我改善。换言之,坚持KPI管理,可以提高组织的管理水平。

### ▎管理升级中必不可少的PDDS到底是什么?

这个阶段的关键词叫作PDDS,请看下图。

也许你曾听说过PDCA(Plan-Do-Check-Action)循环或者PDS(Plan-Do-See)循环。

而这个PDDS循环则是我为了说明KPI管理的重要性而

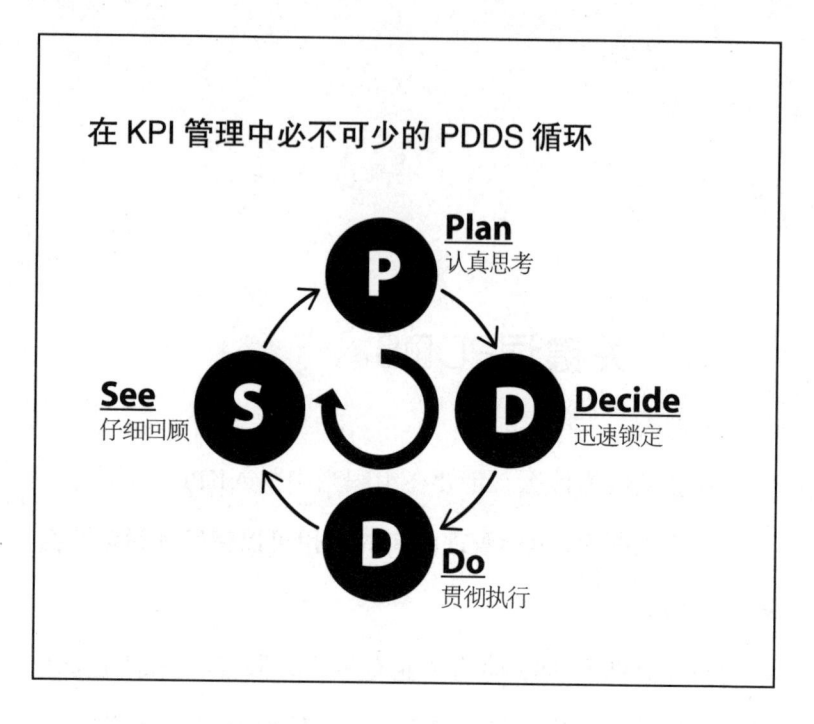

## 在 KPI 管理中必不可少的 PDDS 循环

**Plan** 认真思考
**Decide** 迅速锁定
**Do** 贯彻执行
**See** 仔细回顾

原创的一套循环系统。

PDDS循环系统由Plan-Decide-Do-See 4个步骤构成，到See这一步后又回到Plan。

与PDCA循环和PDS循环相比，该系统在Plan和Do两步当中加入了Decide这一步骤。这一步用日语来表达就是"決めて·絞る"（决定·锁定）。

无论是PDCA也好，PDS也好，还是我原创的PDDS也好，由于其首字母都是P所以可能容易让人产生误解，其实在这个系统中最重要的还是走完一周，然后又回到原点开始下一循环的部分。

在PDDS循环当中就是指从S到P的这一步。也就是在Do（执行）之后要做See（回顾）这一步，并将这一内容灵活运用到下一轮的P当中。

我在前文曾写道："持续升级管理活动的企业有一个共同点，那就是毫不松懈地进行持续性自我改善"。

这里的自我改善就是指从S到P这一步。

## 同时设定多个KPI到底有什么问题？

请设想一下。

如果对部门同时提出多个要求会是什么样的情况？

即不将KPI限定为单个指标会是什么样的状况？

打个比方，如果被要求同时完成5项任务该怎么办？

**恐怕该部门就会自行进行取舍，即虽然被要求完成5项任务，但是只能做其中的2~3个。**

剩下的几项虽然还是要做，但是并不追求完美，只是做做样子。无论是谁都倾向于采取这样的行动。此外，虽然没有做但是也不会老实巴交地主动报告说没做。

不管实际情况怎样，人还是会担心老老实实报告之后会不会被斥责。这样的例子还是挺多的。

**至于说部门从5项任务中只挑选两三项来做这件事情上有什么问题，那应该就是很难正确地做一个回顾反思。**

比方说，假设项目A的结果非常不尽人意。部门被指定完成项目A，但是项目A不过是5项指示当中的普通一项，于是部门就会对项目A进行一个取舍。

要是项目A的成效不佳，在回顾反思的时候除了有"虽然实施了但是成效不好"的情况，还会有"因为并没有认真实施所以成效不好"这种情况掺杂其中。

如果是这样一个状况，那么就不能对项目A的成果进行一个真正有效的回顾反思。

相反，要是项目A成效不错，但部门在此前进行过选择取舍，最后仍然很难进行正确地回顾反思。这是因为虽然会有"认真完成所以成效不错"的情况，但还是存在"虽然没有认真实行项目A但结果仍然不错"的情况。

总的来说，只要部门对项目进行过自由的选择取舍，就很难对结果进行一个正确地回顾反思。

**如果不能对结果进行正确地回顾，那么就无法将其运用在下一个循环的P当中。以这种状态来进行规划是一件非常可怕的事情。**

## 第 2 章　KPI管理实战要诀

面对数量众多的工作要求，部门如果可以不用取舍就将其全部完成固然是万事大吉。如果该部门能够同时对多项工作进行回顾总结，其设定多个KPI也是没有问题的。

然而像这样的部门完全是特例中的特例。在管理者或管理层当中，时常会有人声称自己能够应对各种工作要求和项目，这样的人也是特例中的特例。

像这种全员超人的团队也只是凤毛麟角。在实际案例当中的大部分连是否真正在工作都很难说。

顺便说一下，我个人是这样翻译PDDS循环系统的。

P：Plan，认真思考

D：Decide，迅速锁定

D：Do，贯彻执行

S：See，仔细回顾

怎么样？

到这里你是否理解了不限定KPI数量会带来的风险了呢？然而，仅仅搞清楚这点，还是无法克服心中的不安，要是将KPI限定为单个之后还是搞砸了该怎么办呢？

为了跨过这个难关，请看下一节的内容。

## 07　你是否能把握PDDS循环一周的周期

稍微讲一点我自己的故事。

在我负责某一新的业务的时候，我曾确认过PDDS循环的周期。也就是确认"从工作、到回顾总结工作、将总结的内容运用到下一工作"的整个周期。

令我吃惊的是，PDDS每年仅能循环两周。

**经过简单地计算后我发现，在我当时所在的部门，其PDDS一年只能完成两次循环，也就是半年才能完成一次循环。**

这让人不禁觉得这个部门做事步调也太慢了。不过，更准确地说，这个部门做了太多的工作，却没有做任何的回顾反思。特别是对一些成效不佳的项目的反思显得有些犹豫不决。

为什么呢？

这是因为大家觉得"回顾反思"就好像是在"寻找犯人"。如果说什么"结果不佳主要怪××"，就可能会伤害到这个人，或者是做出这番指责后得罪到这个人，所以大家都还是想尽量避免这种情况。

**"寻找犯人"当然不是工作成效不佳时进行回顾反思的主要目的。真正的目的是找出为什么成效不佳的主因，而后寻找对策防止同样的结果再次发生。**

肯定会有个人作用导致工作成效下滑的情况。然而，实际上大部分案例中原因并不在于特定的个人。所以认为"回顾反思"就等于"寻找犯人"是一个很大的误区。

## 回顾反思的妙招

那么这个部门在结果不错时会不会进行回顾总结呢？

其实也没有。结果一OK，就提前满足了。因此，就认为没有必要进行回顾总结。

总的来说，这个部门就是压根儿没有进行回顾总结的习惯。恰恰是对于这样的组织来说，必须要养成回顾总结的习惯。那么具体应该怎么做呢？

以下是我在之前任职的Recruit Management Solutions学到的方法。简单来说，就是**在审核项目的同时对之前的项目进行"回顾总结"**。

具体一点，方案起草人除了方案内容之外，还要将之前项目的构成，如"何时""何人""如何""做了何事"合并为一个"回顾总结"加入起草内容当中。

之后，根据"回顾总结"当中的"何时"的部分，设定将来的某个时间召开会议。此外，同时召集相关人员参与"回顾总结"会议。

**让回顾总结常规化的安排**

项目A

| 实施期间 | 8月1日起一个月 |
| --- | --- |
| 总结会议 | 9月15日 ◄--- 设定未来的开会日期 |
| 起草人 | 企划部部长 |
| 总结内容 | 以投资效果为主题作报告 |

审核项目的同时进行"回顾总结"

"回顾总结"不等于"寻找犯人"

## 第 2 章　KPI管理实战要诀

举个例子，上图的项目A需要从8月1日开始花一个月的时间来做。在该项目完成两周后的时候，也就是9月15日进行回顾总结，从企划部门的部长开始以投资效果为主题进行汇报……大概就类似这么一个流程。

如此一来，"回顾总结"就能以结构性安排的形式得以常规化。

## 在业务开发部门出现过的失败案例

我曾经任职的某一业务开发部门里汇聚了很多干劲十足的人才。其实那个时候也反复经历过各种项目的试错。

实际做过业务开发的人应该能够理解，业务开发的初期就是一个连续试错的阶段。那会儿真的会非常不顺，让人好多次心里打退堂鼓。

最近有一个很常用的词，叫PIVOT（指商务活动中业务方向的转变或路线的变更。原意为回转轴，指最重要的轴的部分不动，除此以外的部分可以活动），其已经成为业务开发界的通用词汇。而我们这个部门可以说就是在连续不断地变更我们的路线。

只有拥有超凡的毅力，才能坚信"接下来就能成功"，才能一次又一次地做项目的尝试。

从这个意义上来说，这个业务开发部门还真是汇聚了不少干劲十足的人才。

然而这个团队还是做了不该做的事情。

对，**就是设定了多个的数值目标。**

在业务开发的阶段人数是有限的，这样一来精力就被分散了。此外，部门在面对多个项目时有避重就轻的倾向。

这样一来当然就无法对项目进行很好的回顾总结了。另外，如果项目进展的不顺利，整个部门的气氛也会变得焦虑不安。

于是部门的领导就想着要尽早找到成功的方法。这样一来项目讨论的目的就成了分清对错。

**也就是"实施多个项目"变成了目的。本来寻找成功的方法才应该是推动项目的目的，这个时候推动项目本身倒变成了目的。**

## 向爱迪生学习"回顾总结"的重要性

爱迪生为了找到白炽灯的灯丝而尝试上千种材料的故事世人皆知。那个时候，如果他不亲身实验，就只是纪录失败的材料，说不定他也就没有办法发现钨丝这种材料了。

爱迪生一定是对各种材料进行过逐一的认真测验，并且对不可用的材料进行了详尽的纪录才避免了测验同一材料的蠢事发生。

如果不做详尽的纪录，对上千种材料进行测验，是肯定会重复做很多无用功的。所以，不进行回顾总结实在是一种愚钝的行为。

**不做回顾总结的组织也很难能积累"智慧"。**

**因为失败正是"智慧"的重要来源。**

## 08 用PDDS来强化组织

在上一节讲到我接触过"一年只做两次回顾总结的部门",那么之后这个部门怎么样了呢?

它发生了巨大的转变。

在次年部门每个月都能完成一次,也就是每年能够完成12次PDDS循环。正如前文所述,其在审核"实施项目"的同时也进行回顾总结工作,召集相关会议。通过这样做逐渐培养了回顾总结的习惯。

它从原本一个每年只能完成两次PDDS循环的部门,摇身一变成为一个每年能完成12次回顾总结的部门,效率翻了整整6倍。

**通过这种"可视化"的工作,组织知识翻了6倍。**

我这里专门用了"组织知识"这个词,其实是有其含义的。

无论成效喜人还是结果不佳都完成了PDDS的循环，如果能够回顾总结就会得到两点收获。

**第一点收获就是可以避免将成效不佳的对策运用到其他部门造成浪费，另一点则是可以把成功的经验横向推广，提高全公司的生产效能。**

也就是说，完成PDDS的循环固然重要，但要是能够再将其横向推广，就能进一步强化整个组织。

所以我选用了"**组织知识**"这样的表达方式。

为了推动PDDS循环，使之进一步成为组织知识需要了解一个重要的概念，即TTPS（参照下一专栏）。

通过将TTPS导入组织，可以使部门得以自律性自我运转，让组织每周都能完成数次的PDDS循环。换算下来每年就能完成100次以上的PDDS循环。

每年完成百次以上的PDDS循环，也就等于使生产效能提高了50倍以上。

## 专栏　Recruit的看家法宝"TTP和TTPS"

我之前负责过在全国开设新店的业务，我当时的想法是无论顾客到哪家店，也无论是谁来负责接待顾客，都能够向顾客提供高于平均水准的服务。

嘴上说说是挺简单，但实现这个想法并不容易。先不去考虑服务升级，其实只要让员工们使用同样的方法接待顾客倒也不是不可能。

**在时常推动升级服务的过程中，要想使自己的服务超过全国的平均水平还是需要一些诀窍的。当某一地区的接待专员找到某种让顾客满意度高的工具或接待方法时，必须要有相应的机制让其他地区或店铺的接待专员能对其进行学习并运用到实践中。**

用前一阵子比较流行的话来说，就是需要有知识管理

（Knowledge Management）的机制。

**这里就有一个重要的概念——TTP**。所谓知识管理，简单说就是从别人身上学习新东西。日语的"学ぶ（发音：MANABU，学习）"这个词据说来源于"真似をする（发音：MANEWOSURU，进行模仿）→真似ぶ（发音：MANEBU，模仿）"。也就是说，学习的原意就是模仿他人。

然而如果某人去模仿别人，大部分的人都会不自觉地呈现出抗拒的反应。因为很多人还是想要保持个性和自己独特的做事步调。

## 彻头彻尾地抄才是正道

现在就该TTP正式登场了。

Recruit非常喜欢玩文字游戏，其尤其喜欢搞一些词汇和词组的省略。TTP这个词可以这么用："**初学者还有新手可以TTP一下前辈及高绩效员工的工作方法。**"过一阵子还会被建议"**试着TTPS一下**"。

TTP＝"彻头彻尾地抄袭"（日语发音：

TeTteitekini Pakuru）

TTPS＝"彻头彻尾抄袭后推动升级"（日语发音：TeTteitekini Pakutte Shinkasaseru）

单从用词上来说，相较于"模仿"，"抄袭"听起来更加恶劣。然而，如果改成说TTP、TTPS，是不是从语感还有发音上都变得顺耳许多了呢？

对于年轻员工来说，在写日报的时候，这样的缩略语更加方便书写。与此同时对其的抗拒心理也会大幅减弱。

**顺便提一下，在TTP当中，"彻头彻尾"这一部分非常重要。也就是说不只是简单地抄袭，而是彻彻底底地模仿高绩效员工的工作方法。**

在体育界，模仿得分王技巧的做法备受推崇，在职场当中却并非如此。

在我所任职过的部门当中，通过使用TTP还有TTPS这样的说法，使得大家都非常推崇学习全国优秀接待专员的工作方法。

"我TTP了××的工作方法之后顾客显得非常满意！"这样的说法同时也展现了对被模仿对象的尊敬之情。

## 第 2 章　KPI管理实战要诀

**通过 TTPS 升级的组织**

TTP ＝"彻头彻尾地抄袭"
TTPS ＝"彻头彻尾抄袭后推动升级"

我在讲座上也讲过这段工作经历，也有很多听众在听完讲座后尝试着在不同场合使用这个词（TTP）。

## 小网点也能催生新点子——TTPS实践案例

以下是我任职某全国性部门时的故事。

当时九州只有一家店，即福冈天神店。在TTP（彻头彻尾地抄袭）当中存在着提供新点子的一方（来源方）和抄袭新点子的一方（抄袭方）。

**像福冈天神店这种人数不多的网点怎么看也不会是创造新点子的一方，相反其比较容易是抄袭新点子的一方。**特别是该组织的本部和主要团队都还是集中在东京，所以在信息和数据占有方面仍然是东京方面有绝对优势。

**一般情况下，新点子产生于人数较多的地方。**

从这个观点出发来看，福冈天神点距离东京较远，人数也不多，所以无论其员工的能力如何，它要成为新点子的来源方还是不太容易。

**然而，这家店面却发挥逆向思维，摇身一变，不仅成了新点子的来源方，还成了一个持续性的创意源泉。**

那么就来讲一下他们是怎么做到的吧。

**首先他们对自己做了这样一个定位：自己是一个在对其他分店进行TTP的基础上再TTPS的组织。**也就是说，当其他分店将新点子共享给全体分店时，他们就在其中选取好的点子并立即进行TTP（彻头彻尾地抄袭），然后再对其加工升级（TTPS），大概就是这样一种定位。

让我们再来看一下具体的流程。

每周星期五的时候，全国的店长就会通过电视会议系

第 2 章　KPI管理实战要诀

统召开例会。在这里要就各店每周的工作做报告。

福冈天神店也会参加会议，并在其他分店所报告的工作内容中选取TTP的对象，然后再在周末的接待工作中对选取的内容加以实践。

另外，在周一、周二两天休息日后，在星期三～星期五的工作日里，做加工改良工作（也就是做TTPS），尝试摸索进一步提高顾客满意度的方法。

之后，仅仅经过1~2周的时间，就可以在星期五的店长会议上将其在其他分店的经验上进行改造升级的内容进行汇报。

**这一切都源于福冈天神店对自己的定位，即"对其他分店的点子进行改良的一家分店"。**

其他分店以及我自己都惊叹于福冈天神店的工作模式。

本来只是TTP里抄袭方的福冈天神店竟然也能成为TTP里的来源方。其店铺规模较小，员工数自然也就不多，其实这样反倒更加容易做决策。这就是一个将天然劣势转换为己方优势的典型案例。

第 3 章

在实际运用
KPI管理法之前
需要了解的3点

第 3 章 在实际运用KPI管理法之前需要了解的3点

# 01 用"构造"和"水平"来把握公司的方向

我在思考事情的时候习惯于将其分解为"构造"和"水平"两个维度来加以理解。

**所谓"构造"就是事物的全体样貌,即如何去清晰把握事物的Mechanism(结构、机制)。而所谓"水平"就是程度如何,即对数值的把握。**

在寻找KPI的时候,这种思路非常有效。

首先确认KGI,找到现状与KGI之间的差距,随后再确认CSF,即消除这种差距的过程中最重要的步骤,并将KGI转换为一个定量目标,这个定量目标就是KPI。

换言之,要设定KPI,就要从确认KGI这个步骤出发。

KGI是一个数值化后的目标,如果将目标与KGI搞混,那么之后设定KPI的过程当然也就毫无意义了。

如果你是一个经营者，那么你就可以自己，或者是与周围的管理团队或成员一起来设定目标与KGI。

然而，事实上大部分的人并没有参与到这个过程当中来。也就是说，目标与KGI不过是一种被动接受（提前收到）的信息。

这些信息是必须要确认的，它关系到公司未来的方向以及目标水平。

**这条信息往往出现在经营者的新年寄语或业务战略资料中。**

## 指示公司未来方向的信息源

讲到年初感言，有一部分的人会说："我们公司的新年寄语里压根就没有写什么真正重要的内容。"然而，当我对这些人这样提问："请告诉我今年的新年寄语里到底写了什么'不重要的内容？'"大部分人根本就答不上来。

其实就是没有读。更准确地说，读过一遍，但是太无聊了，于是就渐渐不看了。或者就是周围的前辈说没有细看的意义，于是就将这话信以为真了。

这种做法其实相当可惜。

## 第3章 在实际运用KPI管理法之前需要了解的3点

新年寄语的典型格式是这样的,首先是与时节相关的问候及讲讲经济环境的变化,其后才是本公司的具体情况和今后的方针。我自己作为一名经营者和业务负责人,也曾绞尽脑汁地写过这样的文章。

那么就用一个简单的句子来对新年寄语这个东西做个概括吧。

**就是经营者想表达的话。**

**也是本段期间"最最重要的话"。在设置本部门的KPI时,如果脑袋里没有这个东西是根本做不出来的。**

然而,新年寄语说到底还是面向外部的内容。如果你能够拿到**本工作周期的业务战略或业务方针的相关资料**,那就请看一下它的具体内容,它一定明显标记着业务目标与KGI。

此外,它应该还写了有关于如何达成目标的多条业务战略。这些都对之后锁定CSF或设定KPI大有帮助。

再重复一下,不要从零开始寻找已经决定的方针、战略和战术,应该先找到新年寄语或业务战略资料等文件,对其内容进行确认。

## 02 通过KGI实现Going Concern

要设定KPI，就需要确认KGI，找到现状与其之间的差距，并找到消除这一差距的最重要步骤，即CSF。

将它化为一个定量目标就是我们的KPI。

一般来说可以在新年寄语或业务战略资料中找到KGI，但是很可惜KGI有时候也不在这些地方。

在这种情况下，首先在确认KGI的时候，我就要说明一下我一直在KPI讲座上讲到的一些内容了。

即"KGI的本质是什么？"

### 为实现可持续经营需要做什么

不知道大家有没有听过Going Concern这个词，它有众多的解释。

## 第3章 在实际运用KPI管理法之前需要了解的3点

简单翻译过来就是"生意兴旺的店家或企业"的意思。从定义上来说,即"**一种保持无期限地持续经营,避免停业或业务重组的经营思维**"。换句话说,就是要将业务一直持续运营下去的意思。

在KPI的讲座上我经常这么说:

**当我们开始做我们的生意时,就有客人来购买或使用我们提供的商品或服务了。如果我们的商品或服务得到了认可,那我们身上就会有一种责任。**

是怎样的一种责任呢?

面对我们的客人,我们要让他们能够持续享用我们的商品和服务,我们有责任去创造这样一种持续的状态。比如说,客人遇到麻烦的时候能够来找我们咨询,遇到故障可以找我们来修理。即提供售后服务的责任。

另外,还需要持续创造新的商品和服务来满足顾客的需求,即持续进行新品开发的责任。

我们做生意,客人来消费,就是这样一种关系。把东西卖出去后就不管不问了,则是非常不负责的。

**我们有一直、持续地对商品和服务进行改善的责任。**

因此,为了改善、强化现有组织,满足顾客需求,开发新商品和服务,我们就有必要进行相关的投资。这同样也不是一个暂时性的措施，而是需要持续开展的一项工作。

所以就有必要做持续性的投资。本金需要持续性产出收益，产出的收益也要接着持续性地用于盈利。

暂时性地盈利后可以接着投资，但是也有相反的情况，这种情况下就会对顾客产生不利影响。因此，不能只是暂时性地盈利，而是需要实现持续性盈利。

**也就是说，KGI归根到底还是盈利。**

**KGI的本质就是持续性地提高利润。**

因为要实现"持续性"，所以短期和中期都要能够盈利。当短期，也就是本期的利润到手后，则必须要着手做中期的准备和投资。

如果不这样做，就无法实现Going Concern。

当然，不同的阶段也会有例外出现。

其中一类例外就是初创阶段。大多数的新业务都会经历一个赤字的阶段。这个时候只想着赚取眼前的利润肯定是没意义的。

相比如此，要想把握市场需求，更需要将"把握某一单价以上的客户的需求"摆在优先位置。

或者说在转变赤字的阶段就是这样，相比于盈利，还

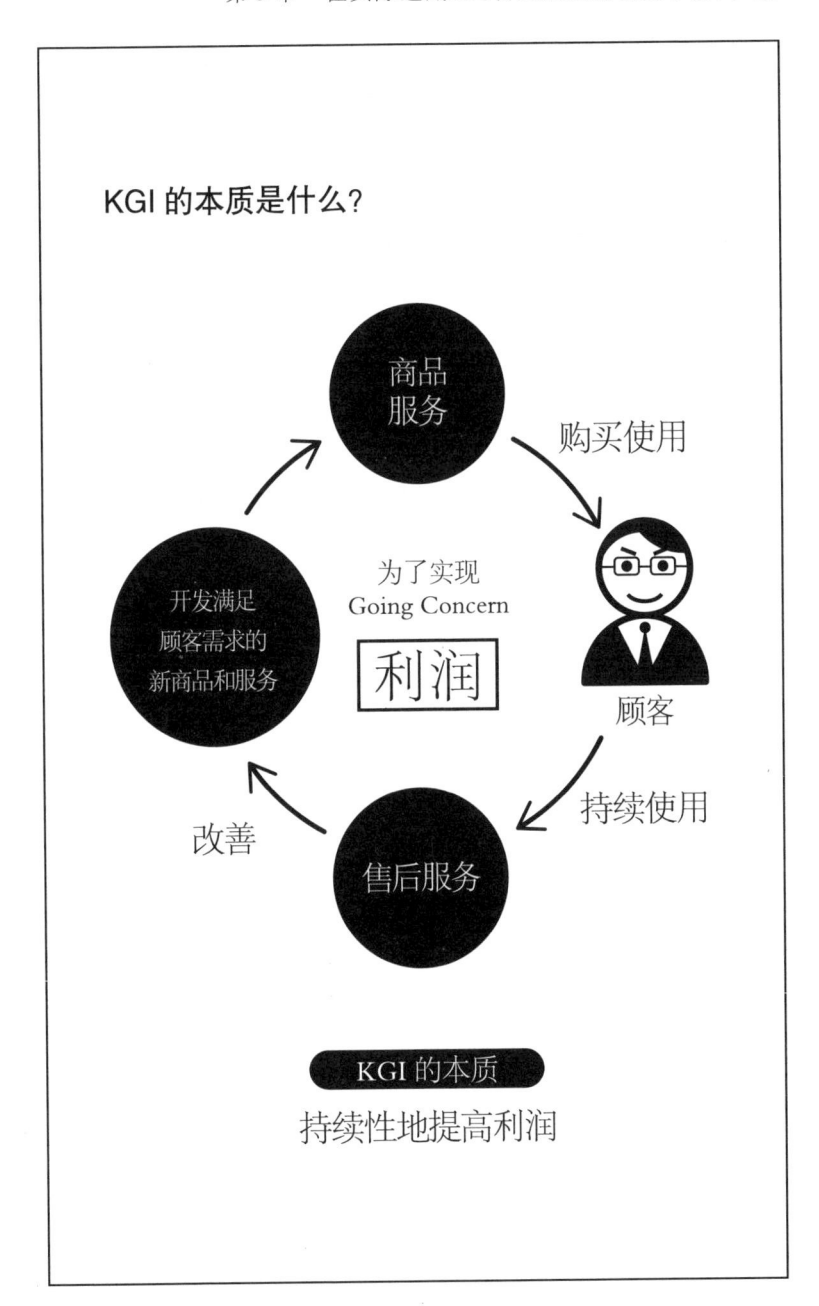

第 3 章　在实际运用KPI管理法之前需要了解的3点

## KGI 的本质是什么？

商品服务 —购买使用→ 顾客

为了实现 Going Concern

利润

顾客 —持续使用→ 售后服务

售后服务 —改善→ 开发满足顾客需求的新商品和服务

开发满足顾客需求的新商品和服务 → 商品服务

**KGI 的本质**

持续性地提高利润

是更应该将缩小赤字摆在前面。

当然，这并不适用于所有情况。

**总的来说，应该将企业的可持续经营作为前提来考量，从这个角度出发，要牢记：利润才是企业整体的KGI。**

第 3 章　在实际运用KPI管理法之前需要了解的3点

## 03　实现利润最大化的基本思路

之前讲到KGI就是利润。

那么我们就来讲讲利润。

之前简单提到过一次，利润=销售额-费用。

要想提高利润，要么就提高销售额，要么就压低费用，或者最好两者都能实现。所以就可以写成这样一个算式：利润增=销售额增-费用减。这样一来就需要考虑三点。

① 如何提高销售额？

② 如何压低费用？

③ 如何控制对销售额与费用都有相互影响的项目？

①和②差不多都能有个思路，大多的问题还是集中在③这项上。

用简单的算式来说明一下吧。

请看下图。

也就是需要增加标注↑的项目的数值，减少标注↓的项目的数值。

第一眼看上去似乎很简单。这个时候问题③就出现了：

---

**为提升利润需要做的事情**

利润↑ = 销售额↑ − 费用↓

销售额 = 顾客数 × 平均单价
费用 = 原价 + 销售管理费
（= 人事费 + 促销费 + 广告宣传费 + 经营费用 + 工作场地相关费用 + 折旧费 + 其他）

**以此为前提利润实现最大化的公式为……**

利益↑ = 顾客数↑ × 平均单价↑ − [原价↓ + 销售管理费↓
　　　　（= 人事费↓ + 促销费↓ + 广告宣传费↓ + 经营费用↓ +
　　　　工作场地相关费用↓ + 折旧费↓ + 其他↓）]

要提升利润，只需增加标注↑的项目的数值，减少标注↓的项目的数值。然而，它们之间又会相互产生影响。
（比如顾客数↑与人事费↓、促销费↓、广告宣传费↓、经营费用↓等）

第 3 章　在实际运用KPI管理法之前需要了解的3点

对于销售额与费用相互影响的项目如何对其加以控制。

**也就是说后面标注↑的项目与后面标注↓的项目并不独立于彼此，它们之间会相互产生影响。**

打个比方，要想增加顾客数，就有多种战略：强化广告宣传、增加经营量、强化业务销售能力，等等。

然而这些战略都会增加相应的费用支出。

比如，要想加强广告宣传就需要增加广告宣传费；要想增加经营量，就要增加经营方面的人事费；要想强化业务销售能力，就要增加教育研修相关费用。

**简单来说，要想提高销售额，就必须得增加费用。**

**这是理所当然的。**然而，请暂且忘掉这种理所当然，就当是为了提高销售额什么都可以做，或者为了削减费用什么都可以做，独立且盲目地去追求"提高销售额的方法"和"压低费用的方法"。

## 对销售额与费用都有相互影响的项目的控制方法

第③条"如何控制对销售额与费用都有相互影响的项目"十分重要。

将所有的项目作为变量来考虑是有其局限性的。况且，如果每次加以调控前都要进行一番讨论的话，做决断的速度也会降低。

那么要怎么做才好呢？

**简单来说，就是将这样的项目转化为"定量"。**

比如说，在刚刚的例子当中，"要想增加顾客数，就需要强化广告宣传"。在这样的情况下就可以把每增加一名顾客所需要花费的平均广告宣传费作为定量。

或者另一种情况中，"要想增加经营量，就需要增加经营方面的人事费用"，这里就需要定下来每提高一个单位的经营量所需要花费的平均支出。教育研修费用也同理。

其实，一般来说人们都会在业务运营的过程中决定好平均值和上限值。典型的例子就是人事费用当中的加班费，还有休息日出差的补贴，等等。

**这其实就是把与业务战略、战术关联性较小的项目当作了定量。**

**通过这样做，KPI管理的水平一下子就提上去了**（某种意义上选择"定量"对于各个部门来说也称得上是一门技术活了）。

## 第3章　在实际运用KPI管理法之前需要了解的3点

**将对销售额和费用都有相互影响的项目看作是"定量"并加以控制**

案例：为了增加顾客数而强化广告宣传

⇩

增加一名客户需要花费一万日元
（约6000元人民币）
的广告宣传费

利益↑ ＝ 顾客数↑ × 平均单价↑ －［原价↓ ＋ 销售管理费↓
（＝人事费↓ ＋ 促销费↓ ＋ 广告宣传费↓① ＋ 经营费用↓ ＋
工作场地相关费用↓ ＋ 折旧费↓ ＋ 其他↓）］

（①）……每一客户花费一万日元广告宣传费

案例：为了增加经营量而增加经营方面的人事费

⇩

定下来每提高一个单位的经营量
所需花费的平均支出

利益↑ ＝ 顾客数↑ × 平均单价↑ －［原价↓ ＋ 销售管理费↓
（＝人事费↓② ＋ 促销费↓ ＋ 广告宣传费↓ ＋ 经营费用↓ ＋
工作场地相关费用↓ ＋ 折旧费↓ ＋ 其他↓）］

（②）……决定平均支出

# 第4章

# 通过各种案例进行学习
## ——KPI案例集

# 第4章 通过各种案例进行学习——KPI案例集

## 01 案例1 通过强化特定业务来提高业绩

那么接下来就让我们一起来看一些案例吧,这些案例可以作为你制作KPI的参考。

首先是有关提高销售额的内容。

试着读读新年寄语或是业务战略资料,上面一般都有关于提升销售额的大致方向。

比如:增加顾客数、增加平均每用户的销售额、扩大销售特定商品、巩固特定用户、强化特定区域、强化特定营业步骤,等等。

## 分解营业步骤——提炼提升销售额的对策

我们来看一下营业部门的案例。

首先试着将经营活动分解成各个步骤。将其分解、作成图表后就更加直观易懂了。

**主要的营业步骤有：①列出目标客户；②接触；③问询；④提案；⑤成交；⑥交货。**

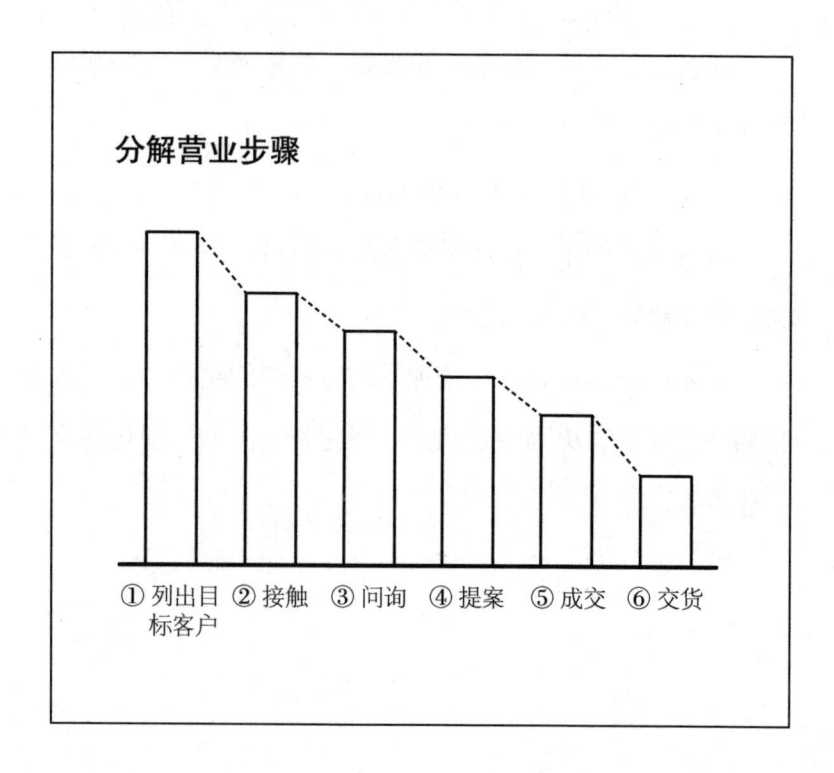

分解营业步骤

①列出目标客户　②接触　③问询　④提案　⑤成交　⑥交货

## 第 4 章 通过各种案例进行学习——KPI案例集

如上面的柱状图所示，从左到右是逐次递减的。

比如说，当列出100个目标客户（①）的时候，在下一步的接触（②）当中，经过选择取舍，最后的接触量为90。

当然，根据图表，在接下来的步骤当中，数量还会继续减少。

另外，在营业部门当中，销售额也可以用这样一个公式来表示：**销售额=营业活动量×订单率×平均单价（原价−折扣）**。

因此，要想提升销售额有3个选项。

A. 增加营业活动量

B. 提高订单率

C. 提高平均单价

为了"A. 增加营业活动量"，需要增加①**列出目标客户**；②**接触**；③**问询**；④**提案**等步骤的行动量。

为了提高订单率，就要提高第①步~第④步，最后到第⑤步的数值。

要提高平均单价，就需要在最后第⑤步的成交的步骤

115

> **提升销售额的 3 个选项**
>
> 销售额 = 营业活动量 × 订单率 × 平均单价（原价－折扣）
> 　　　　　　A　　　　　B　　　　　C
>
> A．可以增加营业活动量
> B．可以提高订单率
> C．可以提高平均单价

提高原定的销售额。

## 增加营业活动量的方法

现在讲一讲具体的方法。

首先讲讲A．**增加营业活动量的方法**。

假设②接触量可以变为原来的一两倍，剩下的B订单率及C平均单价保持不变，销售额就能够变为原来的一两倍。

一般来说，要增加营业活动量，就需要增加营业工时（时间）。现在要让一个营业专员增加一两倍的营业时间其实是不太实际。所以实际一点来说，可以采用新员工，或者找营业代行公司做外包。当然，如果真这么做，肯定会存在延迟的情况。在采用外包人员后还需要对其进行培训，这当然也会带来新的支出。

所以不如从现有的经营活动、非经营性活动中找出空闲时间并将其转化为工时才是要点。

## 提高订单率的方法

下一步要讲讲B. **提高订单率的方法**。

订单率可以用分数的形式表现，例如：⑤成交量÷②接触量。因此就有增加⑤成交量或减少②接触量这两个选项。

要想增加⑤成交量，就需要强化③问询这一步，或在④提案的过程中提升提案企划的内容。也可以在④提案的过程中向顾客推荐容易被顾客接纳的商品。

另外要减少②接触量，则可以通过提高①目标客户的质量来实现。

虽然每一个选项都可供选择，但重要的还是要看现场具体的情况。

> **具体的对策**
>
> A. 增加营业活动量
>   接触量（营业步骤②）可变为原来的一两倍
>   ⇒采用新员工、外包等
>     ※但会伴随新的支出！
>
> B. 提高订单率
>   $$\text{订单率} = \frac{\text{成交量（营业步骤⑤）} \Rightarrow 增加}{\text{接触量（营业步骤②）} \Rightarrow 减少}$$
>
> C. 提高平均单价
>   改变折扣、高价商品等

比如说，如果无法改变商品，则无法选择"在④提案的过程中向顾客推荐容易被顾客接纳的商品"这一项。

## 提高平均单价的方法

最后再来介绍一下C. 提高平均单价（原价－折扣）的方法

要提高平均单价，可以尝试改变折扣、贩卖多种商

第4章 通过各种案例进行学习——KPI案例集

品、销售高价商品等方法。

如果之前有在营业的过程中胡乱降价打折的习惯，只需对其稍做调整，就能实现销售额的增加。此外，从折扣中改善的数额，会直接与利润的增加挂钩，所以影响还是挺大的。

## 将A、B和C的数值全部提高并不现实

我这里写了3种方法，并且也将销售额用乘法算式的形式呈现了出来，所以就会有人倾向将3种要素都当作变量，并想要提升每一个要素的数值。

然而，同时提升3个要素的数值实际操作起来并不容易。在我曾经接手的业务中，我列过计划想要将三者都逐一做一个改善，结果却吃了大亏。所以必须要事先决定一个重心。

我在营业部门工作的时候，实际选择的是提高订单率这一项。我的后续工作基本上都是从这一点着手的。

具体来说，就是将提案设定为CSF，将提案额设定为KPI。为什么将提案额设定为KPI，订单率就能提高呢？这一点可能有点不太好理解。

```
┌─────────────────────────────────────────┐
│     决定以何种程度对某地某物进行聚焦      │
│                                         │
│        CSF            KPI               │
│         ⇩              ⇩                │
│        何地?          何物?              │
│        提案         提案额为             │
│                    ××万日元              │
│                                         │
│           聚焦具体步骤  积累知识经验      │
│                   ⇩                     │
│              订单率提高!                 │
└─────────────────────────────────────────┘
```

这主要是基于下面这种思路。

首先，收集营业专员过去的提案额和实际接收订单数额的数据。

比如说提案额为100万日元（约6万元人民币），实际接收到50万日元（约3万元人民币）的订单，那么两者之间的比例就是50%。

这样我们就可以假设，要想达成目标订单额，提案额就需要是目标订单额数字的两倍。

第4章 通过各种案例进行学习——KPI案例集

比如说如果目标为200万日元（约12万元人民币），提案额则应设定为400万日元（约24万元人民币）。

这个时候营业专员就要浏览顾客清单，研究提案的对象和数额，最后设定出400万日元。

另外在实际向顾客提案的时候，还会在这个金额上有所增加。

但这一个提案额如若不是与顾客商定的数额，结果也就毫无意义。**本来最后金额可以就定为营业专员的申报数字，但这个时候其实可以准备一些简单的卡片，让顾客签名并在一边商讨的过程中一边亲笔写下商讨的数额。**

**这样一个小小的安排其实就可以帮助提高订单率。**主要有两个理由。

首先，营业专员（我自己也一样）很容易用过于乐观的视角来看待事物。也就是说，设想金额容易高出与顾客商讨的实际金额。让顾客记录下商讨的金额，其实就是防止出现这种偏差。

其次，让顾客签名，能够提高成交概率。人一旦签下自己的名字，就会想要继续推进手中的事情。虽然不是什么申请书或者契约书，只是单单的一张卡片，但其还是能够发挥奇效的。

## 聚焦订单率的提高

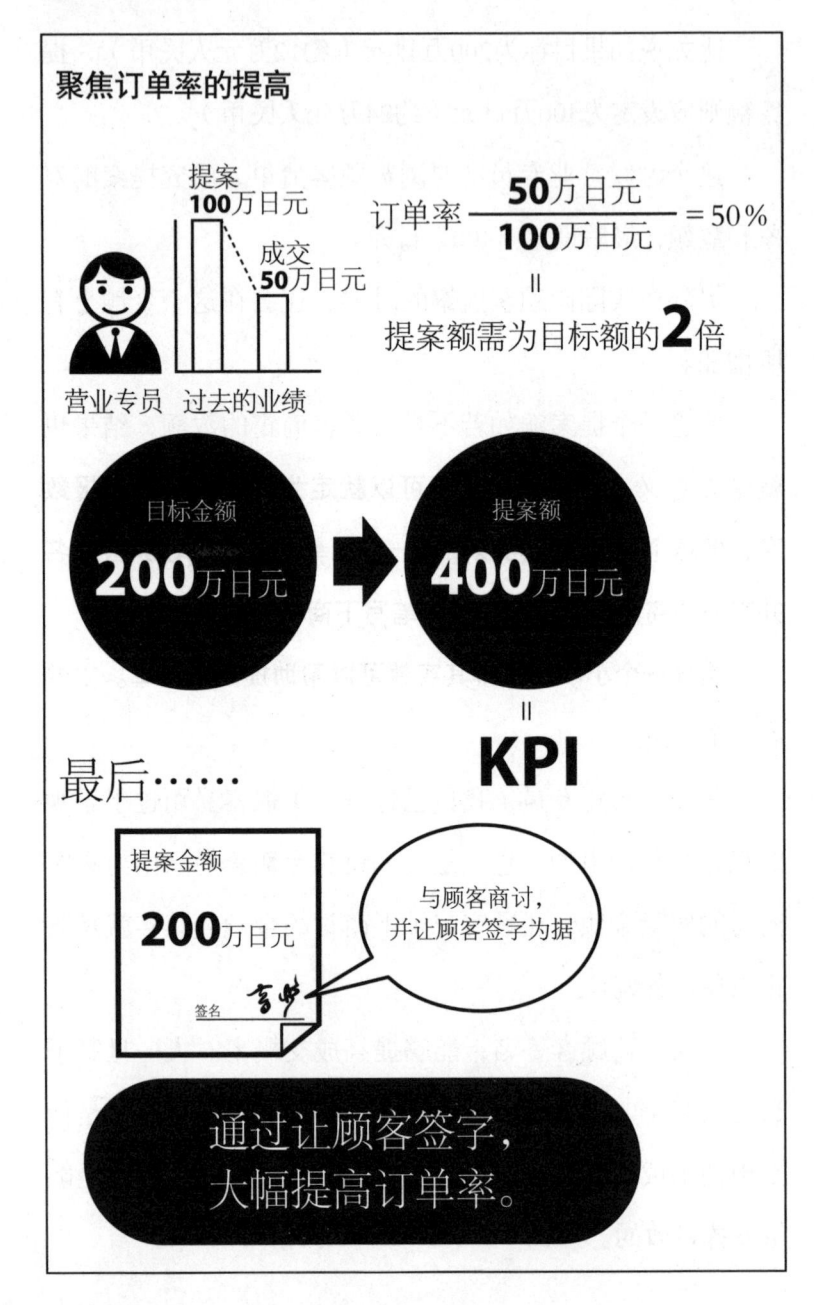

**营业专员** 过去的业绩
- 提案 100万日元
- 成交 50万日元

订单率 $\dfrac{50万日元}{100万日元} = 50\%$

= 提案额需为目标额的 **2** 倍

目标金额 **200**万日元 ➡ 提案额 **400**万日元

= **KPI**

最后……

提案金额 **200**万日元
签名

与顾客商讨，并让顾客签字为据

**通过让顾客签字，大幅提高订单率。**

也就是说，本来在一开始设想的订单率为50%，通过让顾客签名和写下商讨金额，就能在一定程度上提高订单率。

## 想要提高营业量，压缩时间有奇效

订单率提上去之后，就要通过下一个步骤来增加营业量。

这个时候有一个方法非常有效，那就是测定"时间"。

在前面我们将经营活动划分为了六个步骤：①列出目标客户；②接触；③问询；④提案；⑤成交；⑥交货。那么这里所说的"时间"就是指从一个步骤到下一个步骤所花费的时间。首先，就要对这个时间进行测定。

也就是说我们需要讨论是否能够压缩①列出目标客户至⑥交货这些步骤之间的耗时。

如果能够压缩这个"时间"，就能够相应地提高营业量。

打个比方，如果完成一整轮的营业过程需要耗费一个月的时间，那么一年就能够完成12轮。假设可以将营业过程压缩到半个月的时间，那么一年就能够完成24轮。

## 压缩营业过程的3种方法

压缩过程有以下3种方法。

（1）省略过程；

（2）过程标准化；

（3）分担业务。

**所谓省略过程，打个比方，就是在同时进行步骤②接触和步骤③问询的时候，将两个步骤合并为一个步骤来处理。**

在第一次访问客户的时候准备好相关的需求问询工具，就能够同时且没有遗漏地对顾客的需求进行问询。

**所谓过程的标准化，就是将每一个具体的步骤标准化，准备完备的营业工具和营业语言。**

比如说，在某一营业部门内，大多数人都是营业"小白"。所以不能一开始就让他们把约见客户和提案全做了，而是在第一次的时候只让其与客户约见，第二次正式访问客户时再做提案。在这种情况下，第一次访问主要让其花3分钟的时间来确定下一次的见面，而后为了达到业务

## 第4章 通过各种案例进行学习——KPI案例集

的标准化则要准备好相应的营业工具。

**所谓分担业务，比如说就是将步骤①列出目标客户交给营业部门以外的部门处理，步骤②接触交给客服中心，然后由营业部门集中处理其他的步骤。**

我所在的部门，一般都是先做③问询，然后过几日再做④提案。提案的资料则在做③问询的日子和④提案的日子之间准备。

可忙起来的时候，这个时间段就不知不觉变长了。时间延长后，顾客好不容易提起来的热情就会降温，订单率也会跟着下降，严重的时候与顾客的约见也会打水漂。

于是，部门就改变流程，将问询和提案两个步骤安排在同时进行。

一开始部门里有很大的反对声音。但部门随后就建立了标准流程，像前面提到的营业工具和营业语言也趋于完备，此外还设定了便于部门操作的角色分配机制。

结果就是营业过程得到了压缩，能够处理相较之前两倍以上的顾客了。订单率也得到提升，大大帮助了整体业绩的提升。

此外，因为能够在顾客兴趣高涨的时候实施提案，又微幅提升了订单率。

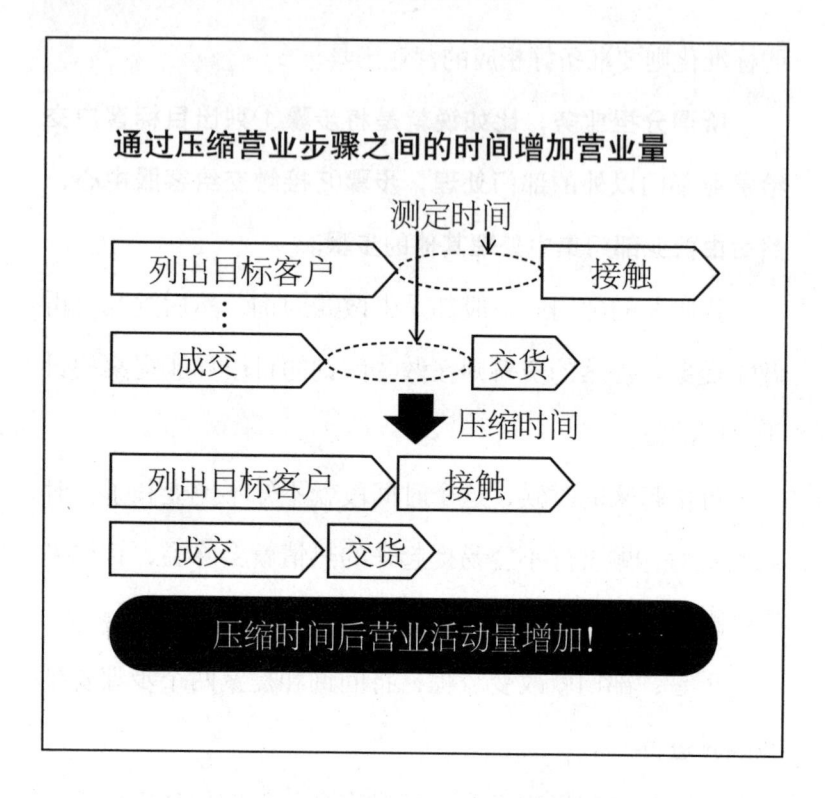

```
┌─────────────────────────────────────────────┐
│       通过压缩营业步骤之间的时间增加营业量       │
│                                             │
│              测定时间                        │
│    ┌─列出目标客户─┐ ⋯⋯⋯ ┌─接触─┐            │
│                                             │
│    ┌─成交─┐ ⋯⋯⋯ ┌─交货─┐                   │
│              ▼                              │
│            压缩时间                          │
│                                             │
│    ┌─列出目标客户─┐┌─接触─┐                  │
│    ┌─成交─┐┌─交货─┐                         │
│                                             │
│    ●  压缩时间后营业活动量增加！  ●            │
└─────────────────────────────────────────────┘
```

在这之后，将标准化的营业过程再系统化，又能助力经营活动。这样一来，像一些没有营业经验的新营业专员的营业活动量也得到了提升。

**这里有一个要点，要在订单率上升后再增加营业活动量。**

由于订单率已经上升，所以在这之后就算增加营业活动量，也仍然能以一个高订单率的状态接收订单。

所以无论如何都不要把顺序弄错。

## 02 案例2 通过聚焦区域扩大业绩

在有些案例中会对销售区域进行划分。

基本是这个模式：总销售额=区域A销售额+区域B销售额+区域C销售额……

比如说，在面向个人的服务中，接触个人客户时会根据个人"生活圈"的不同区分所提供的服务。

**根据个人的生活轨迹，需要将生活圈大致分为两个区域，即个人居住的"居住区域"和往返公司或学校的"就业、就学区域"。**

如果要提高向个人进行推销的效率，就必须要意识到这两个区域的差别。即分清如何向身在"居住区域"的个人展开推销，以及如何向正在通勤或正在上学路上的个人展开推销。

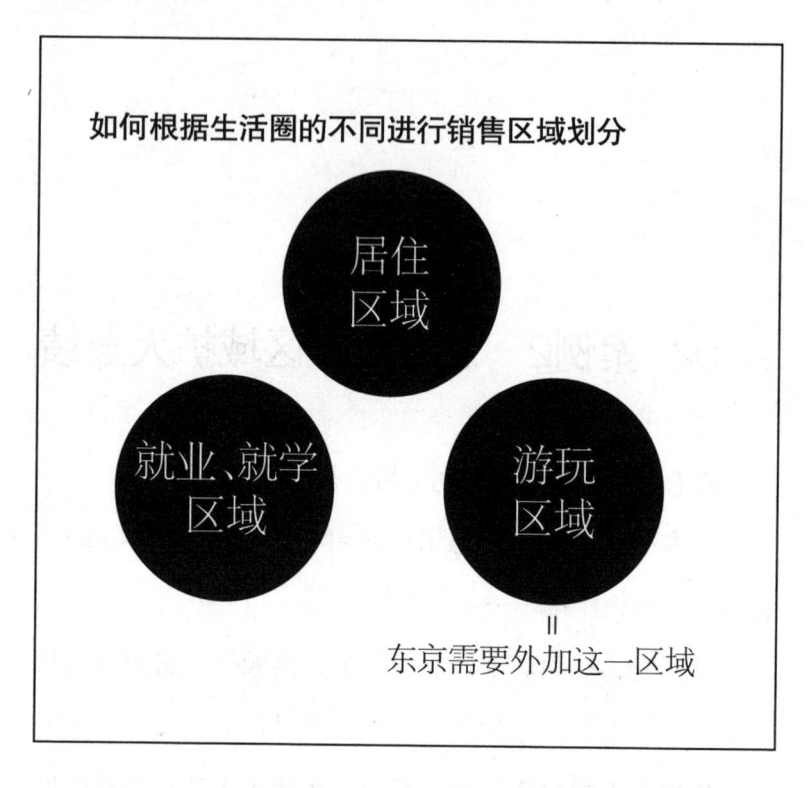

```
如何根据生活圈的不同进行销售区域划分

            居住
            区域

  就业、就学           游玩
    区域             区域
                    ‖
            东京需要外加这一区域
```

## 都会区的生活圈存在特殊情况

通常情况下，每个人都生活在自己的生活圈当中。一般来说一个城市都有1~3个生活圈。

但东京人口众多，存在着10个以上生活圈。不仅如此，住在东京的个人时常会跨越到其他生活圈。

具体来说，有许多人除了在居住区域，就业、就学区域之外，还会有第三、第四区域。

这个区域就是**游玩区域**。

当诸如涉谷、新宿、银座这样的都会区堆积在一起时，就会出现这种情况。

**也就是说东京和其他的城市之间存在着根本性的差别。个人的行动特点不同，销售的规模更是存在着天壤之别。**

钻研公司战略问题的公司总部大多集中在东京，从这个视角来看地方，就会觉得其业务规模太小，简直就是毫无魅力可言。这就好比是销售规模巨大的老牌企业俯视销售规模较小的新兴企业，高收益的日本企业看待低收益的外国企业一样。

## 缩小范围锁定顾客群的销售方法

这样一来，有的企业就会将销售区域划分为两大部分：东京、大阪、名古屋这类的大都市圈及大都市圈之外的部分。针对大都市圈以外的部分就会锁定商品企划、区域以及顾客群，在这特定的部分里展开销售活动，这样的策略往往运行得非常顺利。

在以前的Recruit有一种名叫"狭域经营"的经营方式，不过现在已经没有了。即根据对象与主要交通站点的距离决定商圈，锁定行业并向其提供固定化服务。

比如说，针对位于以中心车站为圆心，半径300米范围内的居酒屋，就主要尝试通过连续5次实施1/2页内容的企划来扩大销售。

同时，**将所投放广告占全体广告的比例设定为KPI**。

这样一来，条件就固定了下来，就能够收集类似的事例，也方便营业专员之间相互交换经验。

具体的相关内容在平尾勇司所著的《Hot Pepper奇迹故事——如何创造Recruit式的"快乐企业"》中有详细的介绍，感兴趣的朋友可以试着读一读。

这本书涵盖了从业务运营的诀窍到KPI的制作要点的内容，并做了很好的总结，所以我十分推荐。

此前Hot Pepper也做过"狭域运营"，我当时负责"狭域运营"的监督检查工作，那个时候我还深入研究过这种运营方式的深层结构，这些经验也为我之后分析自己的其他工作及制作初期KPI讲座内容提供了参考。

第4章 通过各种案例进行学习——KPI案例集

## 03 案例3 根据商品特性将特定用户数设定为KPI

在本节案例中,将从商品的特性出发,把销售情况划分到各类用户群或者用户类别头上来进行观察。

可用算式表现为:销售额=用户A+用户B+用户C……

按照销售额从多到少的顺序进行排列,并据此制作累计顾客数和累计销售额的折线图。然后就可以找到销售额排在总用户数前××%的客户,也可以了解到排在前面的客户的销售额占累计销售额的比例为。

**如果排在前面的20%的客户贡献了总销售额的80%,那么就可以有效分析出是否需要强化针对特定客户的经营活动。**

这被称作"帕累托法则"。

**再进一步,还需要实际分析贡献了总销售额50%的客**

## 按照交易额分析客户

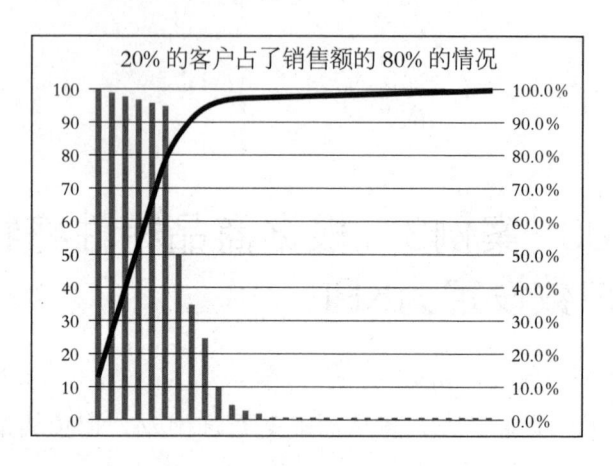

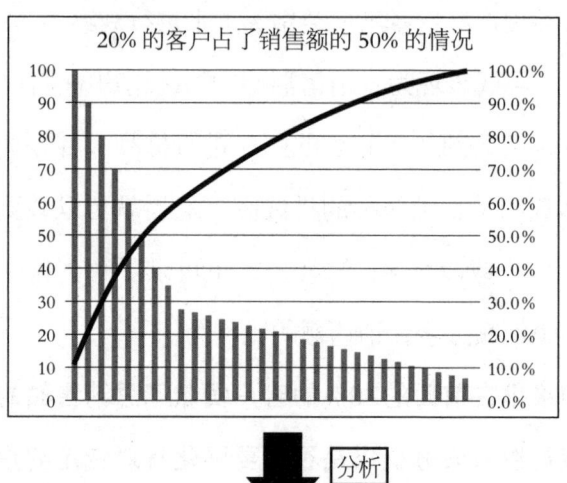

### 20% 的客户占了销售额的 80% 的情况

### 20% 的客户占了销售额的 50% 的情况

↓ 分析

**销售额靠前的顾客的共同特性**
特定职业、特定地域、特定企业规模，等等。

户数占总人数的比例。

首先，就要分析数值靠前的顾客的共同特性，例如特定职业、特定地域、特定企业规模（销售额、利润或者员工数），等等。

在咨询行业当中，需要根据业内行情的变化调整主要目标企业。我所知道的某一咨询公司就在这方面实施了不错的战略。

## 实现两位百分数销售增长的成功模范案例

Recruit的人员招聘及培训服务的交易规模会根据企业从业人数的不同出现巨大差异。

100名员工的企业与1000名员工的企业相比，其从事招聘及培训的员工数量也会不同。不必多说，员工数较多的企业往往就会有更大的交易规模。这是理所当然的，所以**可以直接将这种理所当然设定为CSF，并进行KPI管理**。

下面的案例中，就是着眼于当下的销售额来设定KPI。这家公司为了提高未来的销售额而采取的方法我自己觉得非常科学，所以就想介绍一下。

**前半部分是一样的**。首先要挑选出交易规模大或者最近壮大起来的企业，然后找到他们的共同点。

比如说——

◎行业限制发生了诸多变化；

◎达到了一定的企业规模；

◎本公司能够针对该公司的课题进行独特的提案。

这些都是必要条件，在这之外还要加上

◎能够与Right Person（合适人选）进行商谈。

这个我觉得是充分条件。

**也就是说，高交易额的企业的共同点在于能够同时实行以下两个步骤，即"面向理由明确的目标企业准备本公司独有的提案"和"能够向理解提案价值并且有决策能力的人进行提案"。**

该公司不是抱着试一试的心态而是一定要办成的心态去提案的。那么首先我们就要挑选对象企业。

从上面的例子来看，就是要挑选行业限制发生变化且达到一定企业规模的公司。从去年有过交易往来的众多企业中挑出数10家，挑选标准与去年交易的规模无关。然后，再从去年没有交易往来的公司中挑出与前面数量相同的公司。

然后就要决定与所挑选企业进行接触的专员。对每一家企业，要挑出营业专员一人，项目经理一人，6种商品的负责人各一人，总计8名专员。

再重复一次，不管去年有无交易记录，对每一家公司都要派出8名专员。就算是去年与其进行过交易的公司，交易没有涵盖全部6种商品的也一样。希望大家注意，这其实是将不少的本公司人力资源投入了设定的企业群中。

派出的8人团队在这之后主要进行两项工作。

**一项就是为对象企业制作本公司独有的课题解决提案企划，另一项就是找到Right Person（能够理解该提案的价值并有决策能力的人），并创造条件与其会面并提案。这两项工作需要并行实施。**

另外，在团队组建完成后，要设置时间点，像第一个月、第二个月、第三个月这样，在每一时间点都要设定一定的关卡，即提案企划的进展程度和与Right Person构建关系的进展程度的关卡。如果无法通过，那么就要解散团队，将成员调度到其他团队做辅助工作。

> **扩大销售的成功范例**
>
> 向能够理解提案价值的人提供适合的提案
>
> ①挑选大概率会对本公司服务有大规模需求的客户；
> ②组成团队：
> 　配置营业专员+建导兼项目经理+（各商品的）商品负责人；
> ③为对象客户制作适合的提案；
> ④找到能够理解提案价值的人并约定会面；
> ⑤将③④设定为CSF，将进展率设定为KPI。
> 　首个月：①确定提案草案
> 　　　　　②确定备选对象
> 　次　月：①完善提案各部分
> 　　　　　②确定提案对象
> 　最终月：①提案写成及准备提案
> 　　　　　②与提案对象约定会面
> 　　　　⇒如果进展迟于上述安排，则解散团队，
> 　　　　　成员调度到其他团队。

这也就意味着，每一时期的进展内容为CSF，其进展率就是KPI。

这家公司就是通过这样的方法使得每年的业绩都能持续达成两位数百分比的增长，不可不谓之扩大销售额的成功模范。

第4章 通过各种案例进行学习——KPI案例集

# 将ABC成本法导入经营活动当中

转向特定企业的时候也有一些注意点,下面就结合参考事例来介绍一下。

首先要弄清楚有些企业虽然销售额高但不一定赚钱。**ABC成本法(Account Based Costing)常被用于工厂的会计工作中,用它可以清楚地解释经营活动中的这一现象。**

在ABC成本法中,商品的成本不仅包括原材料等要素的价格,还包括现场作业的人员开支。具体来说就是测量作业的时间线,然后再乘上工作人员的时间单价,最后将其加入商品的原价当中。

由此就能正确地把握商品的真正价格,最后也能正确地把握利润率。除了工厂之外,像一些咨询公司也会通过这样的方法来掌握咨询活动的相关情况。

这种思路也能运用到经营活动当中来。

营业专员在向A公司推广a商品的时候,以这个时间来计算的营业专员的人工费,就可以算在面向A公司的a商品的营业费用当中去。

这也不仅限于营业专员,比如说营业助理、商品负责人、咨询顾问等因A公司的a商品而产生的人工费也同样应该算进去。**这样一来，就有可能真正掌握各企业的利润或各商品的利润。**

这会儿有的读者应该总算明白，为什么之前我会说有些销售额高的企业并不一定赚钱了，也许还会因此感到诧异。同样的道理，有些商品也并不会赚到什么钱。

确实挺不可思议的，明明生意做得那么大却不赚钱。

**这些企业虽然销售额大，但赚不到钱主要有两个原因。**

第一，因为交易总额大，所以打折的要求就会比较强烈，结果折扣就会比较大。

第二，同一家对象公司的要求较高，公司内外人才工作的时间也会增长。要求高的话，能够进行解决的人才也相对有限，这也相应地提高了人员支出。

因此就需要重新评估与这类公司的交易往来。毕竟一直做一些亏本买卖实在是令人看不出意义何在。

为此，最先要做的工作就是改变折扣。

虽然是废话，但确实有公司不看利润额的多少，而仅凭销售额的多少来表彰营业人员。面对这样的情况只需要导入ABC成本法就能规避这一问题。真正导入ABC成本法还是需要花费一定工夫的，所以有的公司就会试行两周，或者挑选特定对象进行实验观察，最后再判断导入的必要性。

第4章 通过各种案例进行学习——KPI案例集

Account Based Costing＝将经营活动中的支出与商品和利润联结

商谈

A社

营业助理

营业专员

商品 a

辅助

商品负责人　　咨询顾问

将因 A 公司 a 商品支出的人工费
全部算入

◎就能掌握各企业的利润！
◎就能掌握各商品的利润！

# 04 案例4　赶在时代变化之前转向特定商品

在Recruit这种进行信息配对的商业模式当中，需要分清提供信息的企业客户（Client，广告投放方）和收集信息的个人用户（Customer，顾客）。

基本上就是从提供信息的企业客户那里收取广告费，向收集信息的个人用户免费提供信息。

对于商业配对业务来说，需要持续思考这样一个重要课题：使用何种媒介才能最有效率地将信息从企业客户方传递到个人用户那里。

## ▌随时代发生变化的信息传递手段

回顾历史，以前人们会免费到用户住处提供就业信息，也会在便利店或者车站售卖信息类杂志，后来还会提

## 第 4 章 通过各种案例进行学习——KPI案例集

供一些免费报纸,也使用过个人电脑还有多功能手机等网络媒体来传递信息。

最近的主流媒介还是智能手机、APP,今后还需要关注声音、影像甚至是VR、AR等手段。但是与此同时,还有一部分用户在坚守着免费报纸这块阵地。

**2000年左右的企业客户主要还是通过纸媒来提供信息,然而到了今天,网络媒体已经毋庸置疑地成了提供信息的主流手段。**

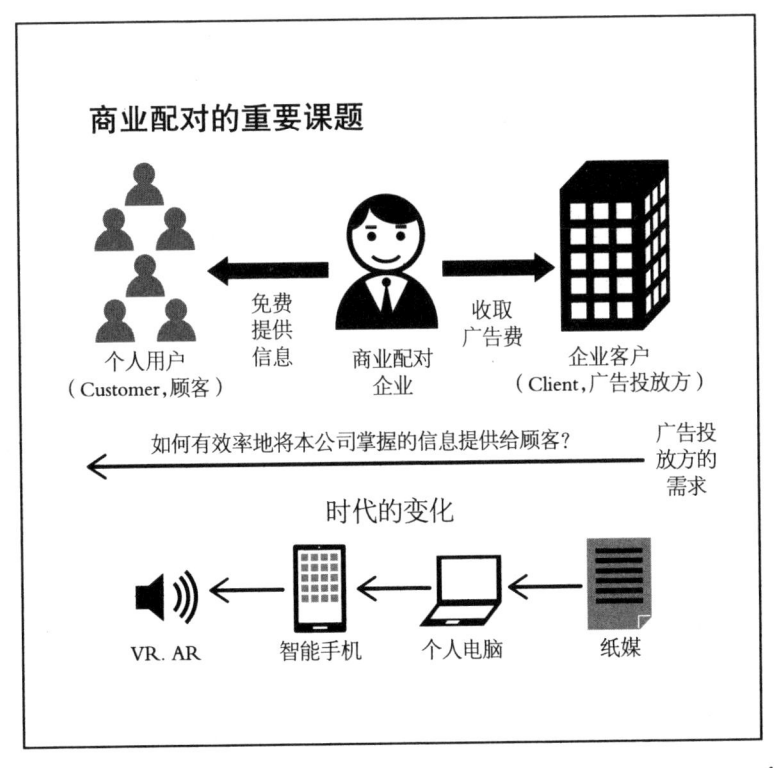

### 商业配对的重要课题

个人用户（Customer,顾客） ← 免费提供信息 — 商业配对企业 — 收取广告费 → 企业客户（Client,广告投放方）

如何有效率地将本公司掌握的信息提供给顾客？　广告投放方的需求

时代的变化

VR、AR ← 智能手机 ← 个人电脑 ← 纸媒

在时代的洪流当中，只有少部分的先发企业实现了向网络时代的转变，大多企业还是觉得距离全体企业实现网络化还有很长的时间。

另一方面，个人用户的信息收集手段也出现了变化的势头，特别是年青一代逐渐脱离纸媒，通过纸媒来收集信息的人口比例骤减，更多人通过网络来收集信息，这些苗头都显示用户的信息获取手段将发生全体性剧变。

## 从综合提案经营到重点商品经营

从经营的角度来看，经营者当然想要大力转变网络媒体商品而不是纸媒商品的信息提供方式。

简单说就是要着力扩大销售某种特定商品。

即"重点商品经营"。

不仅是在当下，在变化的时代当中，面对企业客户的各类需求，通过多种商品来综合解决课题的选择也颇具合理性。

这就是所谓的"综合提案经营"。

也就是说，如果将全部销售额通过"商品A+商品B+商品C+……"的形式来表达，就会出现两个选择：第一，

第 4 章　通过各种案例进行学习——KPI案例集

只关注商品A的"重点商品经营";第二,随便卖出商品A、B、C等当中的一样就OK的"综合提案经营"。

某种意义上来看,这是一个终极选择。

到目前为止讲到的经营战略都属于"综合提案经营"。

# 如何让更多企业转向网络媒体?

然而,我们的选择则是赶在时代变化之前,转向"特定商品经营"。

另外,我们选择的特定商品也不是我们所熟悉的纸媒,而是网络媒体。对于企业客户来说,他们并不熟悉通过网络媒体来提供信息的方式(这种情况距今不过15年)。

这一决定带来的是巨大的变化。虽然本部已经调整了方针,但就当时的情况来看似乎无法在全公司成功推行。因此当时的我们就做了这样的尝试:特定的区域只在特定的时期强化"特定商品运营"。

**当时这样做的目的就是为了让更多企业转向网络媒体。**

当更多公司选择通过网媒来提供信息后,通过网络收集信息的年轻个人用户就会给予这些公司一定的反馈,这样就能让这些公司真正体会到网媒的传播效果。这也是我们想要实现的效果。

已知网络媒体的销售额=使用网络媒体的企业数×平均每家企业的销售额，故在本次的相关措施当中"增加企业数"这项至关重要。

## 为了让更多企业转向网络媒体而采取的计策

接下来必须要考虑的一个问题就是，到底应该增加哪种类型的企业？比如说，如果根据企业提供信息的媒体手段来对企业进行分类，可以将它们分成以下3类。

①只使用纸媒提供信息；

②只使用网媒提供信息；

③纸媒网媒并用。

在当时"①只使用纸媒"的企业还是占大多数，如果能够一口气将它们全部转化为"②只使用网媒"的企业固然是最理想的，但这很明显是做不到的。

一方面，大部分企业并不喜欢巨大的变化。而且如果将纸媒转变为网媒，很有可能会面临个人用户的流失。

而另一方面，如果采用"纸媒网媒并用"的模式，从企业的角度来看其实是拓展了提供信息的手段。信息也能够更加便利地传递到个人用户那里。

然而，这就在纸媒的广告费之外增加了网媒的广告费，因此广告费的总体支出就会增加。这是必须要解决的一个问题。

不过，当我们转过头来思考我们最终想要取得的结果，我们的选项还是不言而喻的。

那就是转向"③纸媒与网媒并用"。

**为了最大程度地压缩广告费的支出我们就做了这样的设计：将价格低廉的纸媒与网媒组合起来形成组合型商品。**

然后还做了相关的试验：仅在特定区域的特定期间，扩大销售将价格低廉的纸媒与网媒组合起来的组合型商品。

之前是单纯的"商品A+商品B+商品C+……"的销售模式，这样一来就转变成了重点关注"商品A+商品D"的销售模式。

## 从实验中得到的各类经验

从这一实验当中我们积累了各种各样的经验。

将经营活动划分为以下步骤：接触、提案、成交、广告制作、交货、效果检测。然后就能获取各种各样的数值和信息。

比如说在接触或提案这个步骤当中，就能够了解到"在运营当中应该/不应该对哪些顾客群开展销售活动"；在提案或成交的步骤中，就能了解到"哪些顾客群会/不会使用本次推出的组合型商品"；在广告制作或效果检测的步骤中，还能够了解到"在哪些顾客群的反响较好/较差"，等等。

通过这些数值和信息，可以验证之前的假设。这样，就可以做一定程度的修正。比如说，在接触的部分，可以改变客户对象的优先顺序；在提案和成交的部分，可以改变经营工具或设置辅助部门；在广告制作、效果检测的部分，则可以共享广告制作经验，等等。

这个实验其实是为"扩大网络商品销售运营"做一个提前部署。对这个过程当中的修正点进行一个总结整理之后，再来迎接真正的正式运营。此外，这里的正式运营并

第4章　通过各种案例进行学习——KPI案例集

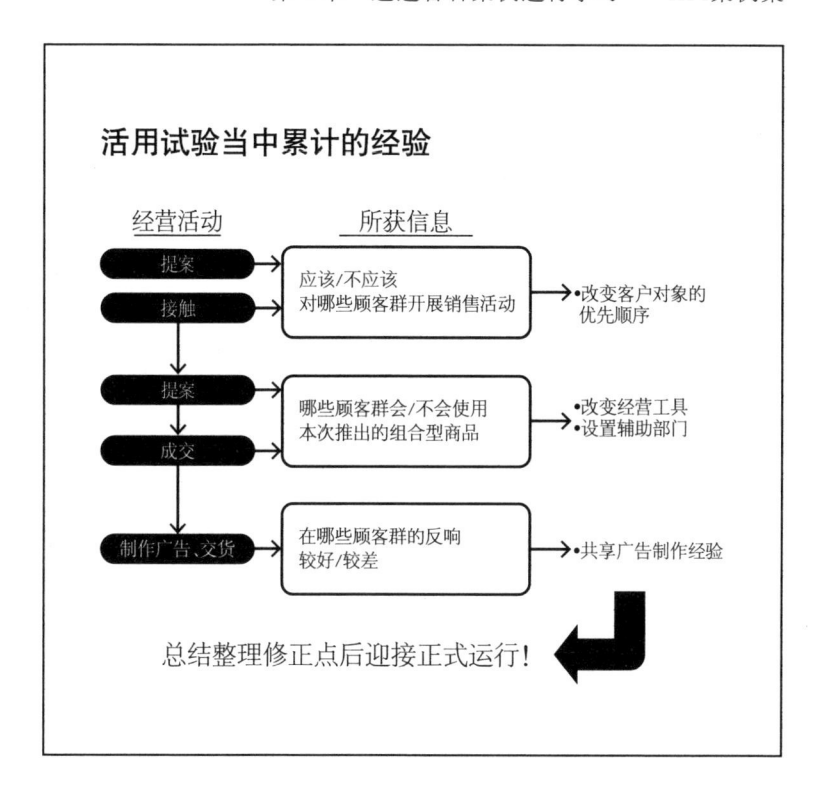

**活用试验当中累计的经验**

| 经营活动 | 所获信息 | |
|---|---|---|
| 提案 / 接触 | 应该/不应该对哪些顾客群开展销售活动 | • 改变客户对象的优先顺序 |
| 提案 / 成交 | 哪些顾客群会/不会使用本次推出的组合型商品 | • 改变经营工具<br>• 设置辅助部门 |
| 制作广告、交货 | 在哪些顾客群的反响较好/较差 | • 共享广告制作经验 |

总结整理修正点后迎接正式运行！

不意味着一劳永逸，还是需要在过程当中持续不断地改善经营方式。

# 05 案例5 在计量收费模型中从提高订单率入手

在对顾客采用计量收费的模型当中,销售额=**接触量×订单率×商品价格×佣金率**。

故提高销售额的方法有以下4种。

①增加接触量(也就是用户数);

②提高订单率=增加购买商品的用户比例;

③提高商品价格=增加高价商品的出售量及成单频率;

④提高佣金率。

以上每一项都是变量,所以有可能成为CSF。

然而一般来说增加接触量往往伴随着支出的增加。

**所以尽量还是提高订单率,这样一来生产效率也会提高。**

商品价格的提升则主要还是看商品自己的特性。

能否提高佣金率则主要看与提供商品的企业之间的交涉情况。如果是在线上平台进行交易，则比较困难；相反，则还有商讨的余地。

如果佣金率较低，保本点的售卖个数则会增加，那么就很难保证交易的稳定性。所以，首先应该探讨是否能够提高佣金率。

经常会有这样的例子，当生意难以为继的时候才就提高佣金率展开交涉。到了这个阶段往往时间就比较有限，交涉过程也就不太顺利。有交货日期压力的一方则更容易妥协。

当佣金率固定下来以后，就可以开始讨论提高订单率的相关事宜了。

其中，提高用户的"行动份额"对于订单率的提高至关重要。

## 提高"行动份额"

现在我就来说明一下**"行动份额"**的基本思路。

在向用户进行介绍的时候，要采取并行介绍的方式。

打个比方，并行介绍5种商品，设定用户从中会选择一样商品。

假设商品的质量同等，对其中的一件商品进行提案这一经营活动则可以记作1/5，也就是20%的行动份额。那么，如果能够将本公司的全部5种商品都进行提案，则行动份额为100%。

如果用户要在5件商品当中选择购买对象，那么其最后选定的一定是本公司的商品。

当然，并不是所有的用户都会购买商品。

如果将购买商品的比例用"**购买率**"来呈现，则**订单率=购买率×行动份额**。

我对此进行因数分解后得出这样一个结论：

"购买率是无法提高的。"

也就是说，你不可能强行让一个本来就不会购买的用户来买东西。你也不应该这么做。

**另一方面，如果有购买意愿的用户要购买某件商品（前提是我们所经营的商品本身是不错的），还是尽量让其在我们这里购买。**

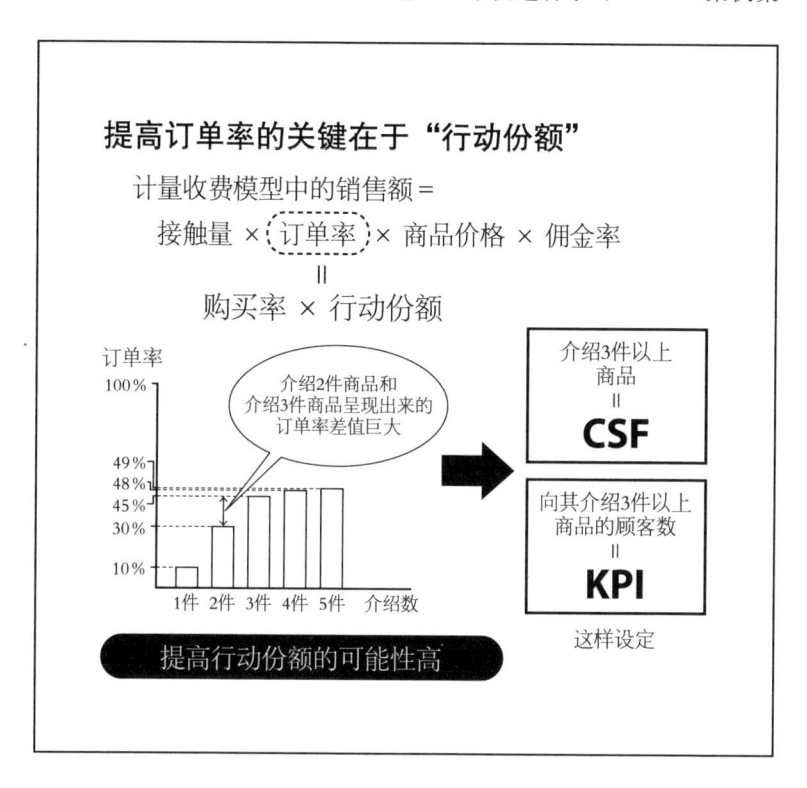

## 第4章 通过各种案例进行学习——KPI案例集

**提高订单率的关键在于"行动份额"**

计量收费模型中的销售额 =
接触量 ×（订单率）× 商品价格 × 佣金率
＝
购买率 × 行动份额

订单率
100%
49%
48%
45%
30%
10%

介绍2件商品和介绍3件商品呈现出来的订单率差值巨大

1件 2件 3件 4件 5件 介绍数

提高行动份额的可能性高

介绍3件以上商品
＝
**CSF**

向其介绍3件以上商品的顾客数
＝
**KPI**

这样设定

**这就是"提高行动份额"的基本思路。**

不过在实际情况中，也有需要并行介绍10件以上商品后才进行购买的用户。相反，也有的用户在仅仅介绍一件商品后就选择了购买。所以还是看个人情况。

如果横轴为介绍数，纵轴为订单率，表格中就存在若干个阈值。并大致呈现出这样一个倾向性，比如，介绍一件商品订单率为10%，介绍2件商品订单率为30%，介绍3件商品订单率为45%，介绍4件商品订单率为48%，介绍5件商品订单率为49%等。

在这个例子当中，介绍2件商品和介绍3件商品，最后呈现出来的订单率的差值是非常大的。所以如果能够对用户介绍3件或者4件商品，则很有希望大幅提高订单率。

将这一行动设为CSF，举个例子，可以将"对70%的用户介绍3件以上的商品"设为KPI。

只要能够保持70%这一比例，其分母和分子则都可以是变量。比方说一定期间内能够接触到1000名用户，那么用这个值乘以70%，则可以将"向700名用户介绍3件以上的商品"设为KPI。

第4章 通过各种案例进行学习——KPI案例集

# 06 案例6 招聘活动中的KPI思维

招聘活动可以用以下的算式来表示:

录用数=应募数×通过率

面试的录用情况可以用以下算式来表示:

录用数=应募数×第一轮面试通过率×第二轮面试通过率×终面通过率

录用数和面试通过率的数值根据企业的不同差别较大,根据不同工种的供需关系也变化较大。另外,面对不同步骤的不同课题相关措施也不尽相同。

因此,需要根据职位进行分类,然后再思考具有针对性的相关举措。

> **在招聘活动中想要提高应募数该如何设定 KPI**
>
> **招聘活动公式**
> 录用数=应募数×通过率
>
> **面试录用公式**
> 录用数=
> 应募数×第一轮面试通过率×第二轮面试通过率×终面通过率
> ⇩
> 开拓善于介绍本公司所需职位的　⇒这是 **CSF**
> 人力资源公司
>
> **目标录用数为 10 人、通过率为 50% 的情况**
> 10÷50%=需要20人应募　　⇒这是 **KPI**
> ⇒如果每一家人力公司可以介绍 4 人，那么就需要
> 　新开拓 5 家人力公司

是应该提高应募数，还是需要提高通过率，由此需要采取的措施也是不同的。

**比如说，如果要增加应募数，就需要开拓善于介绍本公司所需职位的人力资源公司。**这就是CSF。通过目标职位录用数和每家公司可以带来的应募数就可以计算出需要新开拓的人力资源公司的数量。

如果目标录用数为10人，通过率为50%，则需要10÷50%=20人来应募。如果每家公司可以介绍4人，那么就需

第4章　通过各种案例进行学习——KPI案例集

要新开拓5家人力资源公司。

故可以设定"开拓5家人力资源公司"为**该招聘活动的KPI**。到这里就介绍完了人力资源公司的案例，使用媒体的情况下也是相同的思路。

## 提高通过率

现在我们来看如何提高通过率。

通过率可以因数分解为两项内容。

①本公司录用候选人的合格率；
②接到Offer后候选人上任的比率。

那么就可以用下面这个公式来表达：

通过率＝本公司合格率×候选人上任率

要想挽救低迷的通过率，可以选择提高本公司合格率或是提高候选人上任率，不过这两个选项的对应措施也是不同的。

155

> **提高通过率的举措**
>
> 【提高通过率的公式】
> 通过率＝本公司合格率↑×候选人上任率↑
>
> 【如何提高本公司的合格率】
> ①候选人的质量：增加与本公司匹配的候选人；
> ②降低录用标准。
>
> 【如何提高候选人的上任率】
> 针对候选人不选择上任的以下理由寻找对策：
> 　①跳槽到其他公司；
> 　②放弃跳槽就待在原来的公司。

# 如何提高本公司的合格率

要想提高本公司的合格率，有以下几种方法：提高候选人质量，增加与本公司匹配的候选人，或是降低录用标准。

想要增加与本公司匹配的候选人，就需要强化与人力资源公司之间的关系，或是优化媒体上的公告内容。所谓强化与人力资源公司之间的关系，就是根据对方有关录用情况的反馈，持续进行相关修正。

所谓降低录用标准，就是放宽一定的录用条件。比如说，当下调技术条件时，就需要在后期加强人才培育工作。如果不能组合考量降低录用标准与人才培育方案，实际就是在将问题拖延。

## 如何提高候选人上任率

接下来讲讲如何提高候选人的上任率。

候选人拒绝上任大致有以下两个理由：

①跳槽到其他公司；
②放弃跳槽就待在原来的公司。

掌握背后理由的同时，就需要制作相关对策。当在招聘活动中败给了另一家公司，就需要制作有针对性的对策，这点与经营活动同理。

## 招聘活动中最重要的CSF是什么？

招聘活动中最重要的CSF是什么呢？

毫无疑问就是"**速度**"与"**选考录用速度**"。

某热门公司总是会一遍又一遍地选考，这样一来就会花费大量的时间。而我们要做的则恰恰相反。

如果将招聘比作结婚可能就比较好理解了。如果我自己很受欢迎，似乎就可以有更多选择。

但是，事实并非总是如此。假如正好相反，是对方更加受欢迎，那该怎么办呢？这就是对我们自己的考验了。

我们要想打败竞争对手与心仪的对象结婚，就需要在强敌出现以前或者是趁竞争对手犹豫不决的时候抓紧求婚，只有这样才有希望喜结良缘。

招聘活动也是同样的道理。

**我们想要打败热门公司招到优秀的人才，就需要至少早一天给出内定。**当然也会有人拿到了内定之后选择不来。

但是，如果热门公司早我们一步给出内定，那这个候选人进入我们公司的可能性就只能为零。"毫无可能"与"尚有可能"之间可以说是天壤之别。因此，我们务必要提高"选考录用速度"。

## 招聘面试的时间浪费在哪?

当我讲完上面的内容,就会有人说:"欲速则不达。"确实如此,但是"提高速度"并不意味着"不达"。

让我们来试着拆分招聘活动,你觉得哪个步骤比较花费时间呢?

其实就是面试的日程安排这步。

**招聘活动的 CSF**

招聘活动中最重要的 **CSF**

=

缩短选考录用时间

⬇

避免在面试安排上浪费时间

首先要了解从招募到内定需要花多长的时间。

候选人与面试官商定日程这步很花时间。只需要试着缩短安排日程的时间，选考录用的速度就能得到提升。

就拿第一轮面试结束后需要安排后面的面试日程的例子来说吧。首先把二轮面试官的日程发给一轮面试官。此外，如果面试通过，只要向一轮面试官当场告知面试结果并安排二轮面试的权限，就有可能节省将近一周的时间。

范围进一步扩大，只要给人力资源公司同样的权限，就能够进一步节省1~2周的时间。另外，通过减少面试次数，让企业一次性面试完也能在一定程度上缩减时间。

**安排面试的时间本身是毫无价值的。**

**只要能够在这个步骤避免时间的浪费，招录效果就会显著提高。**

事实就是大多数的经营者本来也不太了解本公司的选考录用周期，所以我建议可以从了解本公司的招聘时间入手。

## 07 案例7 明确公司外宣的目的设定KPI

对外宣传要做的工作就是让公司外部的世界更加了解本公司的存在，对于外宣部门来说设定KPI并不简单，有时候其实也并不需要。

比较常见的做法就是计算外宣媒体的总体广告费用，将合计金额与对外宣传部分的支出进行比较。最终目的就是比较投资回报率，将外宣价值"可视化"。

### 案例：如何设定对外宣传的KPI

之前，某一外宣部门就给自己进行了这样的定位，即**"我们进行外宣的目的就是辅助招聘活动"**。其决心要帮助增加招聘中的报名数，并确保候选人拿到内定后能够上任。

具体来说，就是通过提高录用目标对本公司的认知度或跳槽意向度来实现这个目标。

如果能够像这样明确定位，就可以设定KPI了。

首先要把握招录对象当下对本公司的企业认知度和跳槽意向度，然后要把握影响本公司企业形象及对方跳槽意向的要素，接着要掌握希望对方对本公司持有的印象与本公司现状之间的差距。

要准备好一套能够定期把握这些数据的流程与安排。

还应该尽可能把握对手企业在招聘方面的数据，参考希望候选人对本公司持有的印象与本公司现状之间的差距，以及对手企业的招聘数据等信息，在这个基础上设定KPI。

举个例子，假设候选人对本公司的企业认知度为70%，其跳槽意向度为20%。由于认知度和意向度并不是会简单发生变化的数值，所以就要以长时间的数值改善为目标。在这种情况下，企业认知度70%、跳槽意向度20%等数值就可以作为KPI。

同时就要开始探讨用何种方法消除上述差距。比方说在录用目标经常浏览的媒体上展开宣传。跟前面讲到的招

第4章 通过各种案例进行学习——KPI案例集

聘活动的情况一样，由于要根据具体职位类别设定KPI，所以要有效掌握各类职业常用的媒体。接着，要根据录用目标与媒体之间的匹配程度安排相应的有效外宣内容。

以招聘为目标的对外宣传当中需要在多样性的基础上保证同一性。这个表达可能有些晦涩难懂，意思就是要表达出"这个公司中有各类的人，也有与我一样的人"。

**从这个角度来说，选择多样化的登场人物就是外宣内容的CSF，具体出现的人数就是KPI。**这样的设计看起来很

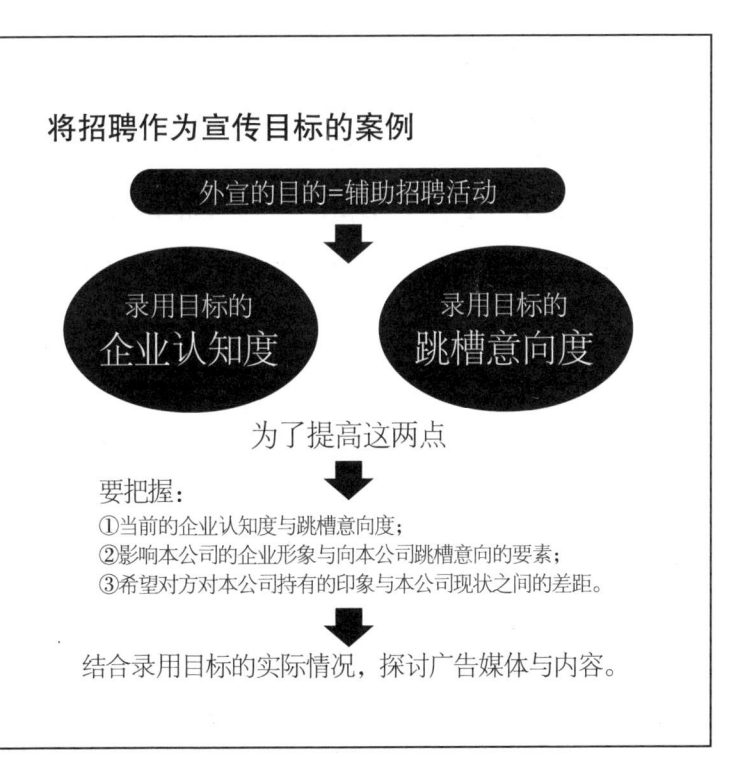

将招聘作为宣传目标的案例

外宣的目的=辅助招聘活动
↓
录用目标的企业认知度　　录用目标的跳槽意向度

为了提高这两点
↓
要把握：
①当前的企业认知度与跳槽意向度；
②影响本公司的企业形象与向本公司跳槽意向的要素；
③希望对方对本公司持有的印象与本公司现状之间的差距。
↓
结合录用目标的实际情况，探讨广告媒体与内容。

163

简单，但是实际操作起来却是很难的。如果将特定的人物反复用于外宣倒是相对容易操作的。

不过这样一来就无法保证人物的多样化了。要想让公司外的媒体能够采纳这样多样化的人物，就需要对公司内部的人物有一个基本了解，还需要构建公司内外的人际关系。说实话操作难度还是相当高的。

另外还会容易产生这样的顾虑，由于员工上了外宣广告，就很有可能会有猎头过来联系挖人。总之，就是实行的难度很高。正是因为这样，其他公司就很难模仿，就算模仿成功在竞争力上还是本公司更胜一筹。

现在讲的是外宣对招聘活动的作用，此外对促销活动、品牌形象提升的作用基本上也是同样的思路。

要点就是定好目标，锁定目标对象，并据此整合媒体与内容。

第 4 章 通过各种案例进行学习——KPI案例集

# 08 案例8 将员工满意度纳入KPI是事务部门的基本工作

下面讲的是一个向员工提供服务的内部事务部门的案例。这个部门主要就是负责公司内部PC、手机、内网、公司内部系统等的相关运行和问询工作，相当于一个Call Center（呼叫中心）。

在这里每年都要做一次员工满意度大调查。除了综合满意度，还要持续掌握对于各个项目的满意度及其理由。此外还要按照不同项目、不同部门、不同上任时间、不同职位级别、不同雇佣形态等类别进行分析。

**这样做的目的就是为了实现呼叫中心内部的资源最佳配置。**

像这样的呼叫中心，大多数时候也充当了Cost Center（成本中心，只合计支出而不合计收益的部门）的角色。

因为是成本中心，所以想要尽可能地削减成本。这样一来，就需要对人员和成本进行最优配置。

在这里就会把员工满意度的调查结果作为KPI管理工具。

## 将员工满意度设为KPI的方法

具体来说，就要给综合满意度及各个项目的满意度设定阈值，如果低于某一数值就需要分析原因，根据需要采取措施。

**在措施当中人员调动和相关支出是必不可少的。**

**这部分资源则由满意度较高的项目移调过来。**

**也就是说，需要给满意度的阈值设定一个上限和一个下限，如果超过上限则削减资源，低于下限则增加资源。**

在超过的情形中需要削减资源，如果低于下限，却不应立即增加资源投入，而是就背后原因展开研讨。

举个例子，让我们来看一下因手机的选择而导致满意度下降的一个案例。

在这个案例当中，满意度下降只在某一特定的部门内表现得十分明显。分析后发现，最大的原因是该部门为了削减支出而选择了较为廉价的手机。

## 第4章 通过各种案例进行学习——KPI案例集

**将员工满意度设为KPI**

公司内 Call Center ⇒ 削减支出 ⇒ 对人员和支出进行最优配置

＝

Cost Center

※公司内Call Center同时充当Cost Center的情况下，其主要目标就是尽可能地减成本。

员工满意度调查结果

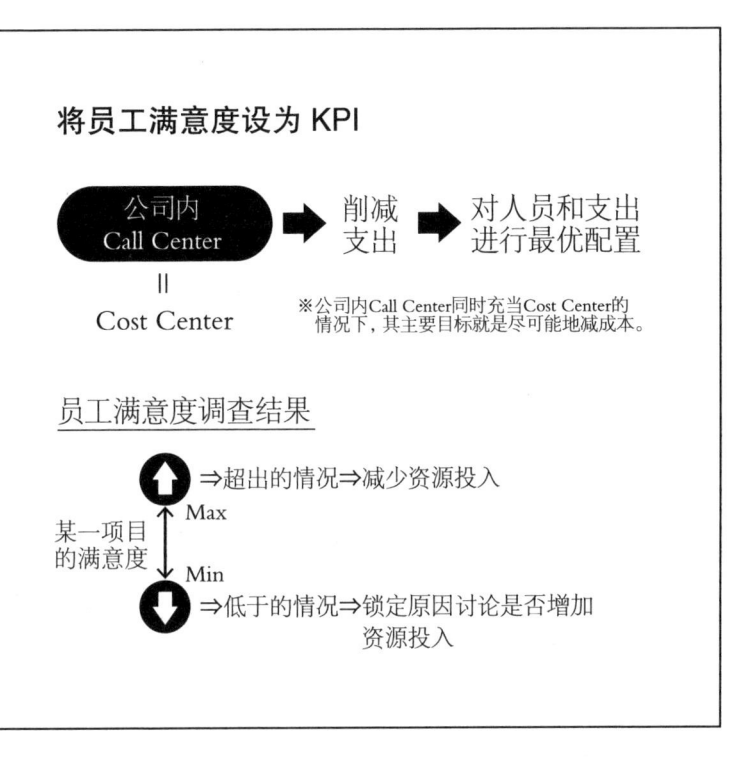

某一项目的满意度 Max ⇒ 超出的情况⇒减少资源投入

Min ⇒ 低于的情况⇒锁定原因讨论是否增加资源投入

所以最合理的解决方案就是停掉这个部门内廉价手机的使用。然而，如果不选择这样做反而给这个部门投入更多资源，其成效往往是有限的。

此外，一旦真正这样实行，不仅效果有限，还会花费大量的支出和时间。所以在这个案例中，"并没有真正设法提高满意度"。

同样的，在另一个案例中，从调查结果的数值可以看出员工对网络状况不是很满意。

这个情况不是出现在特定的部门当中，而是整栋楼的员工满意度都出现了显著的恶化。

根据调查发现，公司内网络正处于由有线转成无线的时间节点上。所以就可以推测正是无线设备不足的时候出现了满意度的下滑。

其实，无线设备的设置状况与员工的不满情绪之间是存在联系的。在这个案例中，公司对相关状况做了解释，然而并没有采取什么过多的措施。

有一些公司内部的事务部门都会像上述案例中那样将员工满意度设为KPI，并以此为基础运营业务。

第4章 通过各种案例进行学习——KPI案例集

# 09 案例9 让集客专员自由决定集客单价

下面讲一下商业配对的事例。商业配对要做的就是为需要收集信息的个人用户与可以提供信息的法人客户进行配对。

其主要有3项工作。"集客专员"负责将个人用户汇集起来,"营业专员"和"广告专员"负责收集企业客户的信息,最后由"媒体专员"来将两者进行匹配。

**根据3种职能建立起3类部门,这样一来就将部门分割开来,使其能够针对工作的各部分内容进行最佳判断。另一方面,如果是一个整体部门虽然能够做出全局性的判断,但是相应地就比较耗费时间。**

在这个事例当中,该部门通过KPI管理既实现了功能导向的部门划分,又保证了能够迅速地做出全局性的最佳判断。

## 集客活动虽然扩大了匹配工作却欠佳

"集客专员"这个职位的工作就是运用各种手段（电视、广播、报纸、网络、免费报纸、传单、广告牌、杂志等）汇集个人用户。

一般来说追求在有限的集客预算下达成最大的集客目标数，这样一来就会出现将手段当作目标的现象。

本来匹配才是目的，汇集个人用户本来也是为了达到这个目的，然而总有人觉得没有匹配成功也无所谓，其往往将集客活动本身当作了目的。

无法匹配成功一般有以下几个原因，要么就是个人用户的特性与所提供的信息内容不匹配，或者就是所提供的信息总量不足。所以就会出现误配和白配的现象。

**给部门按照功能进行分类后，这一部分工作就能得到优化。**

"集客专员"为了达到集客目标就会拼命努力，然而要是信息总量，信息的质量还有时间点合不上的话依然是无法成功匹配的，结果就是劳而无功。

这对于个人用户来说也不是件好事。本来选择这款服务是为了收集信息，结果发现信息总量少还不说，质量

## 第4章 通过各种案例进行学习——KPI案例集

也不达标。于是就开始对这款服务产生不信任感和不满情绪，今后也不会再愿意选择这款服务。对于配对企业来说，相当于是花钱买了黑粉。

那么到底该怎么解决这个问题呢？

## 为集客专员导入"配对目标"

如前文所述，一般情况下要求集客专员根据有限的集客预算达成最大限度的集客目标。也就是说，集客预算和集客目标这两个数字被当成了非常重要的指标。

**然而，该业务的真正目的是实现最大程度的用户匹配。**

**因此，就可以将"配对目标"作为集客专员的KPI，将"集客目标""集客预算"降级为普通目标数值。**

也就是可以根据"配对目标"，让集客数成为一个能够实时灵活变换的数字。

如果企业提供的信息量多，那就可以增加集客数；相反如果信息量少，就减少集客数。就像这样弹性地安排集客活动。

这样一来，集客专员就需要拿到有关企业客户的信息提供状况的预测信息，并基于该预测信息对集客活动的强

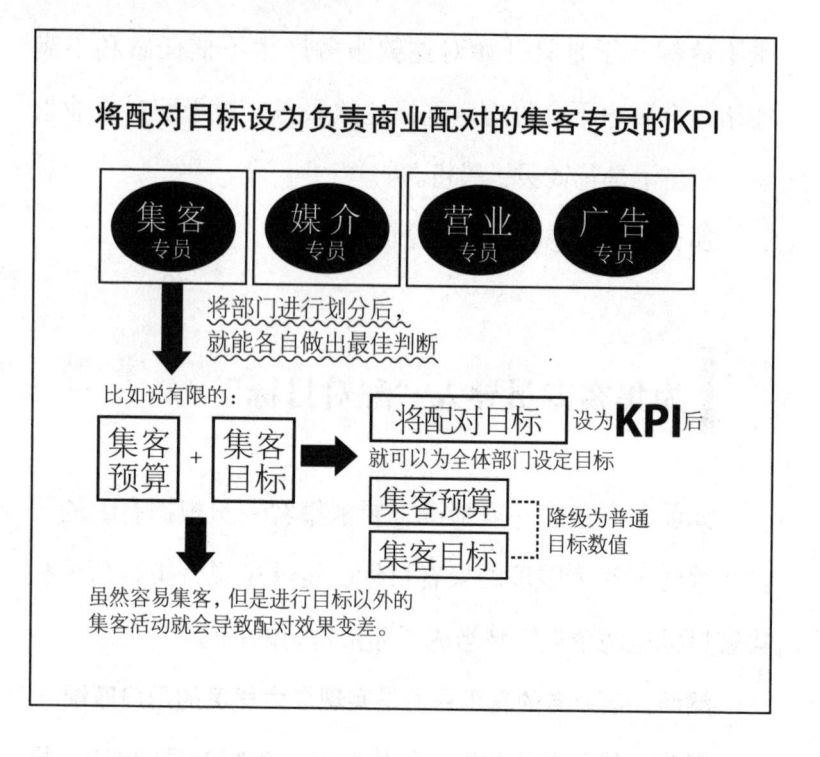

```
将配对目标设为负责商业配对的集客专员的KPI

    集客        媒介        营业        广告
    专员        专员        专员        专员

         ↓   将部门进行划分后，
             就能各自做出最佳判断

   比如说有限的：
   ┌────┐ ┌────┐        ┌──────────┐
   │集客│ │集客│   →    │将配对目标│设为 KPI 后
   │预算│+│目标│        └──────────┘
   └────┘ └────┘        就可以为全体部门设定目标
      ↓                 ┌────────┐
                        │集客预算│┐ 降级为普通
                        ├────────┤├ 目标数值
                        │集客目标│┘
                        └────────┘
   虽然容易集客，但是进行目标以外的
   集客活动就会导致配对效果变差。
```

弱进行调节。

在这个时候直接提前给集客专员提供一个"大致集客单价"会更加有效。假设一下，集客专员正准备进行某项工作，如果此时还需要开会做决议然后再进行相关说明，集客专员做决断的效率就会降低。

为了给集客专员更多的灵活度，**就应该划定一个"大致集客单价"的范围，让其能在这个范围内自由进行集客活动。**

第4章 通过各种案例进行学习——KPI案例集

## 10 案例10 做好工作所需的KPI

对于个人来说要想把工作做好需要做些什么呢？

面对这个问题KPI管理就能派上用场。

2000年的时候，我在Recruit Works研究所担任调查小组的干事。

那个时候对东京名古屋大阪三地的1.3万名上班族展开过一次调查。

**其中有一个问题是："是否在过去一个月内收集过工作相关的信息？"回答Yes的人占总数比约为17%。也就是说只有1/6的人在过去一个月内收集过工作相关的信息。**

对这17%的调查对象进一步分析后发现，他们中的大多数人年龄、学历、所在企业的企业规模相仿，且收入较高。其实不难理解，定期自我充电的人群，（在工作中能拿出成果，所以从结果上说）收入往往较高。

了解到这一点之后，我也试着养成了读书的习惯。**我给自己定的目标是每周读两本，一年读100本**。其中1/3是与工作有直接关系的书，还有1/3虽然与工作没有直接关联，但还是与工作扯得上关系的书。剩下的1/3则是与工作完全无关的书。

这样一来每周读两本书就变成了KPI，读书的进度当然会根据身体状况和心情有所变化，有的时候可以做到一目十行，有的时候则完全读不进去。所以该KPI还相当于一个身心健康的晴雨表。

## 给自称"没有时间读书"的人的"读书KPI"

说到这里，有人可能就会说"我没有时间读书"。对这些人我有一些建议。

首先，我想问没有时间的各位：

"读书到底需要花费多少时间，你对这个问题有一个基本的认识吗？"

第 4 章 通过各种案例进行学习——KPI案例集

要想回答这个问题，就需要对自己的阅读速度有一个基本的了解。我的平均阅读速度大概是一分钟读1页。当然，每一页的字数都是不相同的。

有的书每页只有两段小字，有的书则有大量的插画。

另外，像前面讲的那样，受身心状态的影响阅读速度会呈现出较大差异。自己对于书的主题是否有一定程度了解也会影响读书的速度。

因此，总的来说读书的速度还是比较分散的，但是还是可以大致算作每分钟读一页。明白这一点就可以认识自己阅读所要花费的时间。

每本书平均有200~300页，我的平均阅读速度是**每分钟1页**。那么我要读完1本书就需要花费200~300分钟，**平均算作250分钟**。

我每周平均要读2本书，大致算下来就需要500分钟。也就是说，**我要想在工作日的5天读完这些书，就需要每天花费100分钟的时间**。

对我来说不知是幸运还是不幸，我的每日单程通勤时间为60分钟，算上往返就是120分钟。也就是说，如果能够将通勤时间利用起来作为读书时间，那么就会有超过100分钟的读书时间。

当然，这些时间段也不是都能真的用来读书。因此，就要将周末利用起来凑数。

以年为计算单位的话，我的目标是每年读100本书。

如果按每周读2本书的速度来算，达成这个目标需要50周的时间。其实，一年有52周，所以其实还会有2周的缓冲时间。另外，兴致不佳的时候可以多买一些较薄的书籍来充数，这样做可以帮助提高读书的积极性。

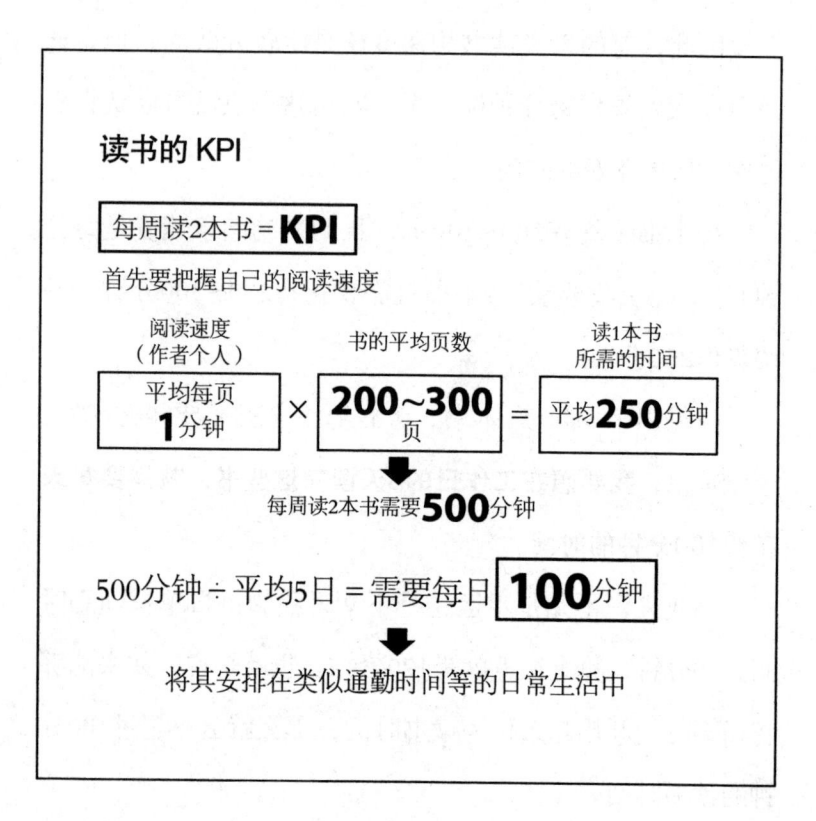

### 读书的KPI

每周读2本书 = **KPI**

首先要把握自己的阅读速度

阅读速度（作者个人）平均每页 **1**分钟 × 书的平均页数 **200~300** 页 = 读1本书所需的时间 平均 **250** 分钟

↓

每周读2本书需要 **500** 分钟

500分钟 ÷ 平均5日 = 需要每日 **100** 分钟

↓

将其安排在类似通勤时间等的日常生活中

## 第 4 章　通过各种案例进行学习——KPI案例集

最近电子书籍数量猛增，在地铁里读书也变成了一种乐趣。通勤时间较短的读者则可以尝试降低目标数量。每个人一天的时间都是24小时，通勤时间较短就意味着其他地方可利用的时间更多。

大家不如就当是被我忽悠了，从现在开始试着读起来，怎么样？

正所谓"习惯成自然"。过了一段时间后，读书就会变成洗脸刷牙一样的生活习惯。到这个时候人如果一天不读书，就像一天不刷牙一样会感到不舒服。若真能如此，则应该拍手庆贺。

"百岁人生时代"即将到来，仅仅凭借过去的知识和经验度日固然是行不通的。为了能够从容地面对时代的变化，还是应该定期给自己充电。

当然，除了书本以外还有很多其他的信息源，但是书本仍然是一种高效的信息获取途径（我从大概5年前开始在Facebook上写一些书评，有兴趣的读者可以去看一看）。

# 11 案例11 在"百岁人生时代"健康生活的KPI

兰德·格顿的著作《生活指南》中指出，今后是一个百岁人生的时代。因此更需要尽可能地健健康康地度过这样漫长的人生。

我曾就此问题采访过团队医疗论坛的主任医师秋山和宏，下面的部分稍微有些长，引用的是秋山医师的讲话内容。

"随着医疗技术的进步，人们的平均寿命大大延长。

其中一个主要的原因就是人们的饮食生活得到了很好的保障。日本人的平均寿命相比战后初期无论男女都延长了30岁以上。

虽然人们变得更加长寿，但是久卧床上生活无法自理的时间也随之增长了。

## 第 4 章 通过各种案例进行学习——KPI案例集

WHO（世界卫生组织）在2000年的时候提出了'**健康寿命**'的概念，其指的是从平均寿命中减去生活无法自理的时间而得到的时间段。

在日本，健康寿命与平均寿命的差大约为10年，也就是说日本人的一生平均有大约10年的时间需要依靠医疗和护理过活。'人生最后10年问题'已成为一个紧要社会课题。

某研究结果显示，男性的人生最后10年里，毫无病痛地度过最后一段人生而后猝然离世的'安乐死'大约占10%，逐渐老去的约占70%，久卧病床的约占20%。

在'人生最后10年问题'当中，按照顺序因无法行走、吞咽障碍性进食困难、老年痴呆等而生活无法自理的问题十分突出。

**想要预防这些问题，就要保持肌肉量。**

**因年龄增长或疾病而导致肌肉量减少的状况，我们称之为'肌少症'**（Sarcopenia，Sarco为肌肉，Penia为减少），只要肌肉量不会减少，能够健康行走的时间就能得到延长。人的吞咽功能也会受到舌头、下颚等部位肌肉的影响。

此外，阿兹海默症的成因之一为 $\beta$ -淀粉样蛋白的堆

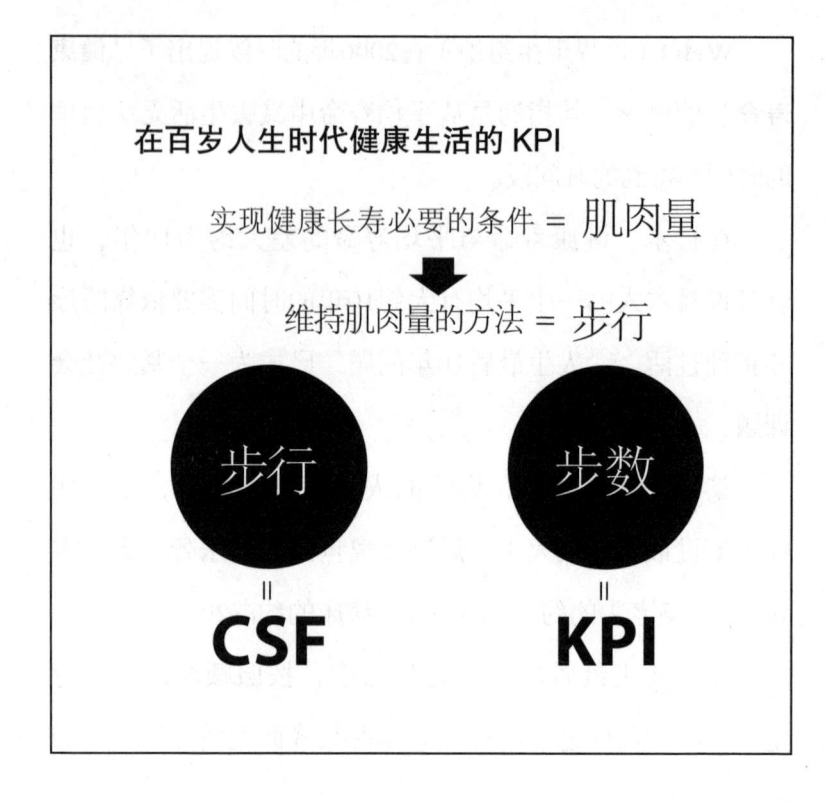

## 在百岁人生时代健康生活的KPI

实现健康长寿必要的条件 = 肌肉量

⬇

维持肌肉量的方法 = 步行

步行
=
CSF

步数
=
KPI

积，这一状况也能通过运动得到改善。

还有，人如果患上感染病或受伤，人体就会燃烧肌肉而非能量来对抗病痛。手术对于身体来说也是一种外伤，就算手术成功了，如果肌肉量剧减也一样无法保持体力，结果往往会增大风险。所以最近很多时候都会在手术前计算身体的体力消耗。"

第 4 章　通过各种案例进行学习——KPI案例集

# 通过走路来维持肌肉量

**想要在"百岁人生时代"保持健康长寿，就需要维持身体的肌肉量。**

想要维持肌肉量，其中一个方法就是多走路。

也就是说可以将步行定为CSF，具体的步数则为KPI。

试着阅读有关步行运动的文章可以发现各种各样的观点，有人认为迈出腿去走路就有效果，有人认为走太多路可不好……可以说相差巨大。

我个人的目标为每天走大概1.5万步。我每10分钟大约走1000步，这样换算下来，一天就要走150分钟。为了达到这个目标，我会选择在早上出去散个步或者下班回家的时候散步。

第 5 章

# 试着制作KPI吧

第 5 章　试着制作KPI吧

## 01　复习KPI制作步骤

前一章我们看过了不少的案例，那么就让我们一边参考这些案例，一边制作出自己的KPI吧。首先复习一下，制作步骤大致如下：

Step①确认KGI

（例）KGI为盈利××亿日元

Step②确认差距

"现状"与"KGI"的差距

Step③确认流程

模型化

Step④锁定

设定CSF（最重要的步骤）

Step⑤设定目标

KPI的目标数值为××

## 正确的 KPI 管理的步骤

|  |  |  |
|---|---|---|
| STEP 1 | 确认 KGI | 利润为××亿日元 |
| STEP 2 | 确认差距 | "现状"与"KGI"之间的差距为×× |
| STEP 3 | 确认流程 | 模型化 |
| STEP 4 | 锁定 | 设定 CSF（最重要流程） |
| STEP 5 | 设定目标 | KPI 的目标设定为×× |
| STEP 6 | 确认可行性 | 是否具有整合性·稳定性·简明性，等等 |
| STEP 7 | 提前探讨策略 | 提前探讨 KPI 恶化时的对策及 KPI 的有效性 |
| STEP 8 | 达成共识 | 与相关人员达成共识 |
| STEP 9 | 运用 | |
| STEP 10 | 持续性改善 | |

Step⑥确认可行性

　　确认整合性、稳定性、简明性

Step⑦提前探讨策略

　　提前讨论好KPI恶化时的对策和有效性

Step⑧达成共识

　　与相关人员达成共识

Step⑨运用

Step⑩持续性改善

## 02 开始KPI管理前的准备工作

在开始前要做一些事前准备。

首先要记上制作日期和制作者。

接着要给文档安上"KPI设计书"的标题。KPI设计书要标明"对象""目标""期间"。

本文将结合以下3个具体事例进行说明。

（A）公司单位的KPI=业绩目标；

（B）商品层面的KPI=业务计划；

（C）落在个人身上的KPI=减肥。

请根据各自的KPI开始准备。

例如，A～C的"对象""目的""期间"可以设定如下：

## 第 5 章　试着制作KPI吧

（A）对象：Forest商事

目标：达成目标业绩

期间：2018年下半期

（2018年10月～2019年3月）

（B）对象：商品B

目标：达成业务计划

期间：2018年度

（2018年4月～2019年3月）

（C）对象：自己

目标：减肥

期间：一年

（2018年6月～2019年5月）

**当提前明确目标和时间后，相关人员之间的讨论范围也能够得以明确。**有人可能会觉得"这不是理所当然的事情吗"，但是就是会有人没有明确这些要点就直接开始讨论。请注意一定要防止这种情况发生。

## 工作分配不容暧昧

接下来就要定下相关人员,需要记上最终决断人、核准人和秘书处。

（A）最终决断人：××社长

核准人：董事会成员

秘书处：经营企划室A、B

（B）最终决断人：××部长

核准人：商品企划会参加者

秘书处：企划科C、D

（C）最终决断人：自己

核准人：妻子

秘书处：妻子、健身教练

这样做的目的是提前明确相关人员之间的关系：谁来最后敲定决议,谁在讨论的过程中做核准审批,以及谁来受累做事。

也就是所谓的"Job Assign（工作分配）"。

日本企业中经常会把工作分配搞得非常暧昧不清，从而导致无用功增多，结果工作量也就随着增多了。像这种情况应该提前避免。

这些事前准备做完后接下来的步骤就会轻松很多。

**KPI 设计的事前准备**

KPI 设计书

| 对象 | 核准人 |
| --- | --- |
| 目标 | 秘书处 |
| 期间 | 作成日期 |
| 最终决定人 | 制作者 |

## 03 确认KGI

在事前准备的环节已经写入了"对象""目标""期间",这些内容要确认一遍。

然后下面要写入的KGI,即本次讨论的"对象",在本"期间"内,为达成"目标"所要完成的目标数值。

(A)对象:Forest商事

目标:达成目标业绩

期间:2018年下半期

(2018年10月~2019年3月)

(B)对象:商品B

目标:达成业务计划

期间:2018年度

(2018年4月~2019年3月)

（C）对象：自己

目标：减肥

期间：一年

（2018年6月～2019年5月）

像A、B这种情况，应该都有业务计划的文件。所以要先确认一下到底有没有现成的文件。有的时候既有中长期的也有短期（=本期）的计划文件。这个时候要找最终决定人确认一下是否需要将两者都写进设计书。比如：

（A）KGI：营业利润10亿日元（约6337万元人民币）（3年业务计划书）；

营业利润11亿日元（约6970万元人民币）（本期业务计划书）

（B）KGI：销售额3000万日元（约190万元人民币）

像（C）这种个人的减肥计划，有时候可能会通过健康诊断等方式取得具体的身体数据，但是因为是非常个人的计划，所以有时还是需要自己来着手制作。设定数值的时候会参考标准体重还有期间等数据。

例如：

(C) KGI：体重66kg（减重4kg，由70kg→66kg）

第 5 章　试着制作KPI吧

## 04　确认差距

确认差距就是要将KGI数值与按照现状发展下去整个期间结束时的模拟数值进行比较，而后将比较结果"可视化"。

　　（A）KGI：营业利润10万日元（约6337万元人民币）（3年业务计划书）；
　　　　　营业利润11万日元（约6970万元人民币）（本期业务计划书）
　　（B）KGI：销售额3000万日元（约190万元人民币）

## 两种模拟方法

如果要对（A）（B）两种情况进行模拟，大致有两种方法：

第一种方法，就是**参考前期同时期的数值并加上特殊因素**。

那么本期的模拟值就可以表达为"**前期数值±特殊因素**"。前期同期数值由于是已有数值所以可以轻松入手。

---

**为明确与KGI之间的差距而对数值进行模拟**

**模拟方法①**

本期模拟值 = 前期数值 ± 特殊因素

- ◎经济形势及市场动向的数值变化
- ◎顾客和竞争企业的变化
- ⇒这些内容究竟是带来正向还是负向影响？

前期数值 = 前前期数值 ± 特殊因素

**模拟方法②**

本期模拟值 = 确定数值 + 提升准确度后的预测数值

特殊因素则要观察经济行情及市场动向的数值变化，或者顾客及竞争企业的变化等，然后再探讨其对于本公司本业务到底是正向还是负向的影响。

回头确认特殊因素对于过去数值的影响，可以发现与现在重合的特殊因素。即"**前期数值=前前期数值±特殊因素**"。

由于前期还有前前期的数值都是既有数值，所以就更容易判定特殊因素的实际影响。

第二种模拟方法则是**以本期的现场数值等预测值为基础展开探讨**。具体的模拟数式可表达为"**确定数值＋提升准确度后的预测数值**"。

## 通过模拟值来明确差距

通过参考前期数值和本期的预测现场数值两种方法，我们就可以对本期的数值进行一个模拟推测。同时也可以明确**本期的KGI模拟值=差距值**。

（A）差距值为1亿日元（约634万元人民币）
　　对应KGI：营业利润10亿日元（3年业务计划书）

差距值为2亿日元（约1267万元人民币）

对应KGI：营业利润11亿日元（本期业务计划书）

（B）差距值为500万日元

对应KGI：销售额3000万日元

案例（C）中的体重模拟同理。如果能够得到过去数值的变化，就可以在此基础上进行模拟。如果无法得到过去数值，则可先取现状与KGI之间的差距值。

减肥的例子中，由于KGI是相对较小的数值，所以就应该用模拟值来减KGI。

（C）差距值为4kg，由70kg→66kg

顺便说一下如果这个差距值为负值，也就是模拟值小于KGI该怎么办呢？

其实这是一个理想的情况，如果是这样就只需要保持现在的战略。像这种情况其实不设定KPI也是OK的。

不过，这种情况还是比较少见的。大部分的案例中，模拟值的结果往往是不如KGI的。如何弥补这种不足（＝差距）则是下一节要探讨的内容。

## 05 确认流程

接下来的一步就是确认流程,我称之为**模型化**。这一部分的主要课题就是如何弥补在步骤②中发现的差距。

差距如下:

(A)差距值为1亿日元

对应KGI:营业利润10亿日元(3年业务计划书)

差距值为2亿日元

对应KGI:营业利润11亿日元(本期业务计划书)

(B)差距值为500万日元

对应KGI:销售额3000万日元

## 要想填补差距 先决定"要做什么"

填补差距的方法有很多，例如：

◎营业部门努力销售

具体来说就是

◎销售高价商品提高销售额。
◎提高顾客购买频率以提升销售额。
◎销售高利润商品提升利润。
◎调整折扣率提升利润。
◎提高销售过程的CVR提升销售额。

或者，

◎加大宣传力度以招来客户。
◎削减经费降低成本。
◎开发销路好的商品，同时实现销售额的增加和营业费用的削减。

## 第 5 章 试着制作KPI吧

除这些以外还有无数的方法。此外，很多时候也可以将这些方法组合起来。

最后，要明确究竟要做什么。这个时候，需要讨论现场是否能够实际操作，这一点非常重要。如果不考虑这一点，就只是纸上谈兵。

有的相关人员在设定KPI的时候并不考虑这一点，结果导致工作现场怨言不断。出现这种情形其实大多是不了解工作现场情况、单单纸上谈兵的主管人员方面的问题。

**确认流程**

弥补差距的方法=确认流程（模型化）

（例）
销售高价商品提高销售额
提高购买频率以提升销售额
改善折扣率提升利润
削减经费降低成本，等等

⬇

从无数的方法（流程）
当中明确"要做什么"

201

## 关注3项支出

要想提高利润,最好按照先降低支出,后提高销售额的顺序进行。主要的支出大致可分为3类。

①不必要的开支(冗费)
②与销售额无关的支出
③与销售额相关的支出

**削减①不必要开支(冗费)是必选项。**

在我以前打过交道的企业当中就有这样的例子,其仅仅是修改了印刷费用、业务委托费、会议费、交际接待费后就节省了大笔的支出。

就算是大家都说便宜的云服务,比如IaaS(只根据使用的基础设施收费),如果有Instance但不加以使用,其实也相当于是一笔①不必要开支(冗费)。

或者说,仅仅需要将每个月的支出"可视化",就能够起到削减支出的作用。在一些正实行当下流行的合弄制(Holacracy)的公司中,全体员工都能够阅览所有的支出项。**他们实现削减"①不必要支出(冗费)"和"②与销**

## 支出大致分为3类

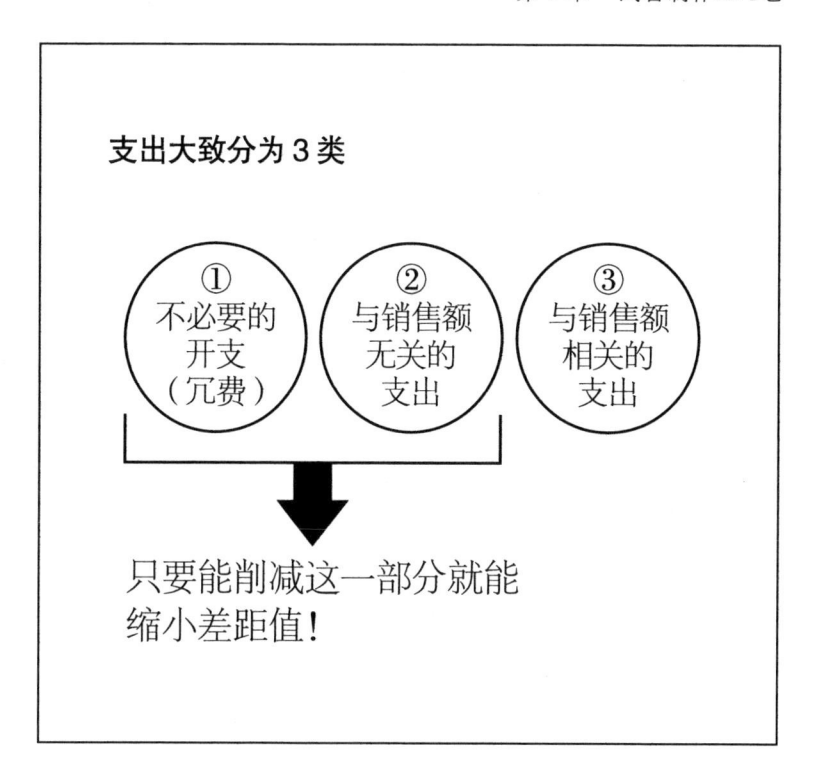

① 不必要的开支（冗费）
② 与销售额无关的支出
③ 与销售额相关的支出

只要能削减这一部分就能缩小差距值！

售无关的支出"的途径并非专人管理而是"可视化"。

前几天还读到这样一条新闻，一家因削减支出而闻名的日本制造商在外资企业注入资本后，该外资企业的CEO在核查经费后发现竟然还能削减掉大笔的经费。

不必要开支（冗费）及与销售额无关的支出其实还有很多，只要能够削减掉这一部分就能缩小与KGI之间的差距值。

接下来就是扩大销售的部分。

在这一部分首先也必须要调整折扣力度，更正不公平合同。如果能够实行ABM（作业基础管理），则可以将所有的支出与具体商品和企业对应起来。

之前某部门在导入ABM之后惊讶地发现与某客户做的大宗订单最后竟然是亏本的。分析后发现，折扣太大，加上对方要求较高，使得大批员工投入了大量工时，这样的结果就只能是亏本了。

当时负责该客户的员工甚至成了表彰对象，结果明明是亏本却还给该员工发了奖金以示表彰。

当然不排除放弃短期利益以获取将来利益的LTV（Long Term Value长期价值）的情况，但是在实际工作中这样的情况并不多。

光是抛弃销量至上主义，就能够提高利润。

## 探讨如何增加销售额

做完以上准备后，终于到了探讨如何增加销售额的环节。

举个例子，假设通过前面的方法削减了3000万日元的支出，并通过不盈利交易使得销售额改善了2000万日元

（约127万元人民币）。

（A）差距值：5000万日元（1亿日元－削减3000万日元－不盈利交易改善2000万日元）

要讨论如何增加销售额，就需要将销售额表达为公式，即：

销售额＝量×CVR×单价×佣金率

例如：

销售额＝营业量×成单率×平均单价×佣金率

销售额＝顾客数×开单率×平均开单额

销售额＝顾客数×到店频率×平均购买额

由于平均单价为：原价－折扣额，要考虑到这点。

销售额＝营业量×成单率×平均单价（原价－折扣额）×佣金率

销售额＝顾客数×开单率×平均开单额（原

### 讨论如何增加销售额

（A）差距值

**5000** 万日元
=
**1** 亿日元削减 **3000** 万日元 - 不盈利交易改善 **2000** 万日元

> 将销售额表达为算式

销售额 = 量 × CVR × 单价 × 佣金率

（其他例子）
销售额 = 营业量 × 成单率 × 平均单价（原价-折扣额）× 佣金率
销售额 = 顾客数 × 开单率 × 平均开单额（原价-折扣额）
销售额 = 顾客数 × 到店频率 × 平均购买额（原价-折扣额）

↓

这个数式乘上利润率就能够算出利润额

利润 = 销售额（量 × CVR × 单价 × 佣金率）× 利润率，

或者减去支出算出利润

## 利润 = 销售额 — 支出

↓

由此可以确定：

如果要填补 **5000** 万日元的差距，
需要对哪些数值进行多大程度的改变。

价－折扣额）

销售额＝顾客数×到店频率×平均购买额（原价－折扣额）

这个数式乘上利润率就能够算出利润额。

利润＝销售额×利润率

或者减去支出也能算出利润。

利润＝销售额－支出

通过这些数值可以确定如果要填补31.7万元人民币的差距需要对哪些数值进行多大程度的改变

## 填补差距的思路

那么就让我们以下面这个模型为例展开思考。

销售额＝营业量×成单率×平均单价（原价－折扣）×佣金率

（A）的差距值为5000万日元，细目为"1亿日元－削减支出3000万日元－不盈利交易改善额2000万日元"。

通过公式"利润=销售额－支出"就能看出支出预计可以削减190万元人民币，不盈利交易也能得到改善。所以在这里仅仅是通过调整折扣等项目就让差距值从1亿日元减少到了5000万日元。

接下来就只需调整其他的变量，也就是"营业量""成单率""平均单价""佣金率"来填补上剩下的5000

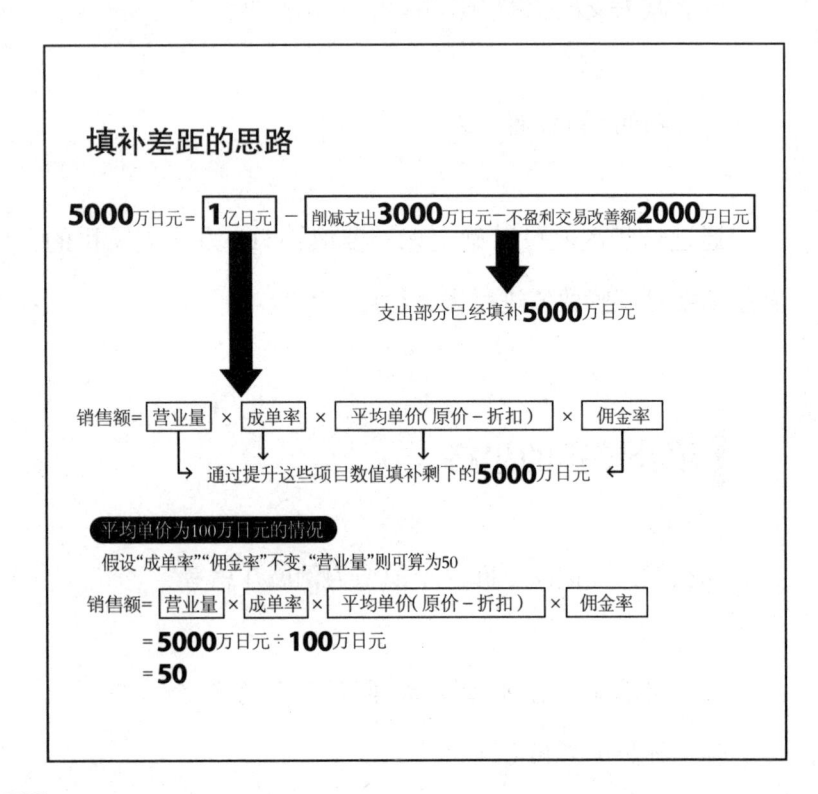

### 填补差距的思路

5000万日元 = 1亿日元 － 削减支出3000万日元－不盈利交易改善额2000万日元

支出部分已经填补5000万日元

销售额 = 营业量 × 成单率 × 平均单价（原价－折扣）× 佣金率

通过提升这些项目数值填补剩下的5000万日元

**平均单价为100万日元的情况**

假设"成单率""佣金率"不变，"营业量"则可算为50

销售额 = 营业量 × 成单率 × 平均单价（原价－折扣）× 佣金率

= 5000万日元 ÷ 100万日元
= 50

万日元的差距值。

假设平均单价为100万日元，思路则大致如下。

营业量×成单率×平均单价×佣金率＝5000万日元÷100万日元＝50

也就是说如果要单靠营业量来实现目标，就只需要增加50单位的营业量。

## 推荐从内部流程入手

这可能只是我的经验之谈，我自己并不会试着去增加营业量，相反我更推荐首先考虑改变成单率等内部流程。如果要增加营业量，势必就会伴随着营业人员的增加，同时招录、培训等相关支出预计也会增加。

**因此，就要决心改变内部流程提高相关数字，如果能够成功，就算之后增加营业人员，也能将其数量压缩到最小。**

要想提高成单率等CVR，就必须对现场进行观察。找到发力点非常重要。也就是要搞清楚需要将哪一部分标准化，又需要针对哪一部分展开额外行动。

这里为了便于理解，就举一个增加10名营业人员的例子。假设接下来的两个月之内要录用10名营业人员，接着用一个月让其适应工作，剩下的3个月让每人完成500万日元（约3.17万元人民币）的销售额，总计填补5000万日元的差距值。

录用支出和培训支出假设已算入预算支出。

确认录用流程可发现，以往录用10人需要招募30人。所以在两个月之内需要招募30人。

但是，由于从录用面试到正式录用平均耗时一个月，如果不能压缩这段时间，就无法保证员工能在两个月内到岗。

此外调查招录用时变长的原因后发现，耗时变多的原因大多出现在招录方的面试安排上。

因为一般都要等到初轮面试结束后上司才会调整日程安排。

如果能够在初轮面试结束的时候，直接安排下一轮面试，那么就能压缩整个用时，这样也能提高保住录用目标的概率。如此一来后面就只需要正式实行前面的安排了。

## 减肥的例子

前面的步骤与思路同样可以用在例（C）当中。

（C）差距值 4kg，由70kg→66kg

要想减肥，就需要将"摄入卡路里－消耗卡路里"的结果值降为负数。已知每克脂肪为7千卡，故要想减掉1kg的体重，消耗量就需要比摄入量多7000千卡。

假如想要减掉4kg体重，就需要消耗量比摄入量多"7000×4kg=2.8万千卡"。

不过这么说还是不太好懂吧。如果将时间定为4个月，那么每个月就需要消耗7000千卡，每天平均下来也就是7000÷30=230千卡。

数字虽然变小了，但是还是不太明白具体应该怎么做。其实要消耗230千卡，如果运动的话大概需要快走1小时30分左右，其大致相当于一碗米饭的热量。这么一说就有大致概念了。

**那么到底是每天做一些快走运动呢，还是少吃一碗饭呢，抑或是将两者组合起来呢？**

我个人认为，如果运动的话就需要1小时30分钟，每天保证这么长的运动时间并不容易。当然增肌和加强基础代谢也是必不可少的。

在企业当中削减支出的部分也是同样的道理。如果能提前这么做，运动量及节食计划就会变得轻松很多。

## 06 锁定（设定CSF）与KPI

我相信看到这里，你的视野已经拓宽了许多。

接下来要讲的就是非常重要的"锁定"与"设定目标"的内容。在这一步骤当中需要找出CSF（Critical Success Factor）并落实到数值上去。

### 锁定CSF 决定KPI

由前文可知，要达成例（A）当中的5000万日元需要在两个月以内录用10名营业员工，用一个月的时间让这些员工成功上岗，并在接下来的3个月使每人完成500万日元的销售额。

另外，还知道如果要录用10名员工则需要确保有30名应募候选人。最后还知道由于与上司之间的面试安排问题常导致给出的内定用时较长,难以确保员工在两个月以内被成功录用。

要在面试结束的时候成功安排好下一次面试需要两个重要信息:第一个是候选人的可安排第二轮面试的时间,第二个是上司的可安排面试时间。

然后就要讨论接下来的流程了。

对于候选人,要提前与其联络,了解如果面试合格可安排其进行第二轮面试的时间,然后基于这一信息预先安排好本公司上司的行程。

**也就是说,"在进行一轮面试前预先安排好下一轮面试的时间"即为CSF。** 因为总共要安排30个候选人,设定只需要给其中8成,也就是24人做好此项安排。这里的"24人"即为KPI。

例C当中要减掉4kg的体重也是同样的道理。

**要么一天快步走90分钟,要么一天少吃1碗米饭。**

由于在家吃饭比较多,所以就可以在家人的监督下每天晚饭的时候少吃一碗饭。如果在外面吃饭的话,就要周末的时候做90分钟的快步走。这样还能省钱,4个月就是16周,总共就有32天休息日,其中设定快步走的次数为25次。这里的"25次"也就是KPI。

## 07 确认适用性

首先要确认一下3个要点。

**即"整合性""稳定性""简明性"。**

确认"整合性",就是要确认KGI是否能与KPI同时达成;"稳定性",就是说是否能够即时地获取KPI的数值;"简明性",即KPI的内容是否简单易懂,相关人员能否轻松理解。

### 确认"整合性""稳定性""简明性"

例(A)的差距值5000万日元为录用营业人员后想要继续扩大的销售额的量值,其兼具整合性和简明性。

录用营业人员之后会对其进行培训,他们接受培训后也能轻松理解这个差距值的内涵。

不过在招录的时候虽然好像应募候选人较多，但是还是会担心招录时间会延长。这一点也可以理解。

对该问题进行分析后发现，这主要是因为安排面试比较花时间，那么就可以试着改变流程，将面试安排往前捯，在面试前与候选人沟通好二轮面试的时间并预留上司的时间安排，这样一来就兼具了整合性和简明性，流程也变得简单。

不过如果同时有多个面试官，就存在这么一个问题，即如何让数位面试官在面试结果上达成一致。无论是决定共同暗号也好，还是选定一个最终敲锤者也好，总之必须要有相应的应对方案。

目标为减掉4kg体重的例（C）也同理。可以在日历的周末部分画上红圈等记号，这样就可以使合计数值"可视化"。这种方式也兼顾了简明性、整合性和稳定性。

## 08 事先商讨对策

**当KPI数值出现恶化的时候,也就是说按照目前的路子将无法达成KPI的时候应该怎么做?在这一步就要提前定好相关对策。**

如果等到数值已经恶化才开始商讨对策,往往时间就会不够,选择的范围也较为有限。此外,还需要投入大量的人、物、资金等经营资源。

然而,如果时间充足情况就大为不同,拥有的选项较多,不需要投入过多的经营资源就能解决问题。

### 商讨对策的具体做法

在案例(A)当中,比方说,我们可以设定无法提前收集二轮面试信息的情况。

这其中又分为候选者的原因和内部上司的原因这两种情况。如果是候选人的问题，又分为事多忙碌的情况和其他的情况。如果是因为候选人事多忙碌，则可以考虑安排在清早、深夜或休息日面试。

**比如说，原定目标为两周时间定下来24名候选人的信息，然而截至当前还有6成，也就是14人的信息没有确定下来，那么就可以将剩余10人的面试安排在清早、深夜或休息日。**

案例（C）中减掉4kg体重也是同样道理。

假设原定在16周里，也就是32个休息日中用25天来做90分钟快步走。这么做是因为每周差不多有一次要在外面吃饭，所以要通过这个方式来补上无法减肥的日子。然而事实上在外面吃饭的日子要比原来设想的多，或者说在外面吃饭的时候摄入的卡路里的量要比原来设想的多，这样一来就不利于减肥计划的实行。

像这种情况应该怎么办呢？

**有两种方法。第一种是除晚饭之外从早饭就开始减少卡路里摄入量，第二种则是除休息日外在平日里也加入快步走训练。**由于工作日时间有限，所以可以将快步走的时间设定为原来的1/3，也就是30分钟。如果这么做一个月还是无法减少1kg的体重，那么就可以安排3个工作日各做30分钟快步走训练。

## 09 达成共识，实际运用

接下来要讲的内容分别是相关人员之间达成共识的步骤，还有实际运用的步骤。

在事前准备的步骤当中需要明确谁是最终决断人，谁是核准人，谁是其他相关人员。由这些人员来确定KPI管理的内容并就此达成共识。

那么具体需要在哪些方面达成共识呢？

第一点就要明确把什么设定为KPI，以及KPI的具体数值。另一点则是要核定应对风险的具体对策，假设KPI的数值在某一时间发生某一程度的恶化，相关人员则要就具体的对策达成共识。

另外要确认最终决断人也是最终核准人。只要满足这一条件，就能保证及时迅速地拿出风险应对措施。

然后，在正式运用之前，要向全体相关人员传达信

## 第5章 试着制作KPI吧

息，表示即将开始实行KPI管理。这一信息可以通过社内报刊或者部门领导来传达，当然也可以酌情公布KPI管理的具体进展情况。

前面我们说KPI的作用类似于信号灯。大部分的员工，甚至是全体员工都有必要了解当下整体的工作进展如何。从这个角度来说，就需要进行事先报道及公布KPI管理的具体进展，这点非常重要。

# 10 持续反复改善

不只是KPI，任何东西在运用的过程中都需要持续打磨改善。这也就是我所说的"认真回顾"。

无论是KPI还是KGI，如果能够最终达成那固然是最好的结果。但是，总会有事与愿违的情况出现。

① KPI达成→KGI达成

② KPI达成→KGI未达成

③ KPI未达成→KGI达成

④ KPI未达成→KGI未达成

KPI和KGI的达成情况共有以上4种组合。

KPI与KGI同时达成或未达成的情况尚容易理解，因为本来两者就是相关联的。

## 第 5 章　试着制作KPI吧

更准确地说，两者都未达成的情况下，就要在期中采取紧急措施，阻止这种状况继续发展下去。

**然而，如果KPI与KGI的达成情况并不一致就比较糟糕了，因为这表示出现了结构性的问题。**

也就是说要么是两者之间的关联性太弱，要么就是两者之间虽然存在关联性，但衡量其水平的数值过高或过低。这些情况都需要认真检查。

通过不间断地改善，才能提高KPI管理的水平。

# 11 何为终极的KPI管理
## ——所有判断都与KPI相关联

能否做到KPI管理的极致,就要看是否能将所有的判断都与KPI关联起来。

我曾负责的业务开发案,也是在整个Recruit集团当中比较少见的直接面谈个人客户的业务。在Recruit,顾问就是需要为个人客户介绍符合其要求的企业客户。

**于是我就将"增加介绍数"设定为CSF,再将每月、每季度、每半年的介绍数设定为KPI。**

那么接下来我就讲一下当时的一些判断标准。

① 讨论缩短新人顾问的培训时间

压缩培训时间也就意味着新人顾问从入职到实际负责工作的周期缩短了,这样一来,个人客户的接待数就随之增加了。

## 第 5 章 试着制作KPI吧

对此进行讨论是因为这有助于增加介绍数。当然这并不意味着粗制滥造,针对培训内容的检查也是必不可少的。

② 讨论缩短每一组个人客户的接待时间

压缩接待时间意味着每日个人客户接待数增加,对此展开讨论也是因为这跟增加介绍数相关。当然还是要确保不会因为时间的紧迫而导致接待水平的下降。

③ 介绍组数要紧跟趋势

要达成原定KPI就需要控制集客宣传量以及相应支出。

④ 采用总部人员

与KPI的增加没有直接关联所以需要慎重判断。

⑤ 讨论把新店开在狭小的店面里

由于与KPI的增加没有直接关联所以需要重新讨论。

将产生的支出转移到集客支出上面。

⑥ 提前通过网上的顾客问卷调查把握需求

由于可能关乎介绍质量的提高所以需要进行讨论。

只要有更多的员工对KPI感兴趣,那么可以在现场做出判断的人就更多,该部门的自我运转能力也就越高。由此还能获得占据压倒性优势的速度。

**在急速变化的时代,真正强大的组织往往可以即时在**

**现场做出最佳判断，而不是单靠一部分的总部人才来做判断。从这种意义上看，我也推荐将KPI管理推广到全体员工并将其作为一切判断的基准。**

另外如果能够向具体部门移交一部分权限，那么就能让这些部门通过常态化的自我运转来改善工作。总部则可以将更多的时间花在下一流程上。

看到这里相信一部分读者就已经注意到了，多数的PDDS虽然在高速运转，但是并不需要对其过分担心。PDDS在运行一段时间后自然会有一个"回顾"的阶段，作为PDDS主体的部门也能通过这样回顾逐渐获得成长。

第5章 试着制作KPI吧

# 专栏 最好的回顾都是"实时"的

我在前面讲过我曾负责的某一部门本来每年只能完成两次PDDS（回顾）。一开始的时候是全体部门的回顾周期缩短，到后来就变成了每一分店都拥有了各自的PDDS循环周期。最后，该部门每年竟然能够完成总共数百次的PDDS循环。

不过，世界上还存在更加厉害的组织。

**其对所有员工所负责的业务实施一元化管理，全世界都能够阅览、参照某一员工负责的业务内容、过程、成果。**

这也差不多等于能够即时地进行PDDS循环。

这样的公司是真实存在的。

我认为这样的公司也是目前终极形态的组织。

那么，你所在的组织与这样的组织相比还有多大的差距呢？

# 结 语

本书最终能够出版是多种因素共同作用的结果，说实话，我自己也时常感叹自己太过幸运。

那么在本书的最后，我将写一写我在著书过程中所遇的贵人和幸运之事。

2017年9月22日我向日经Style投过一篇文稿，名为《数据经营的陷阱——从KPI分辨企业的好坏》，这篇文稿便成了写作本书的契机。

当时，我每3周会向日经Style投稿，主题为"如何选择跳槽对象"。稿子的内容大致涉及"工作方式改革""生产积极性""跳槽与年收入""今后有发展潜力的企业""长时间劳动""副业""在线办公""今后必要的人才""调职"，等等，写这些内容的目的是让读者能够加深对于跳槽和自己所在企业的理解。

## 结　语

9月22日的文章便是其中一篇。

两个月后的11月24日，我收到了一条信息。发件人是Forest出版社的寺崎，其之后成了本书的责任编辑。

消息的内容简单直白："我们想出一本有关KPI的书，希望能由您执笔。"

就是这么回事。

所以第一件幸运的事就是由寺崎找到了我。

我个人喜欢简单直白的沟通，像登门拜访还有浪费时间的会面我都会尽量避免。

寺崎非常理解我，与我的实际会面只有过两三次，剩下的沟通工作都是通过邮件完成。

如果是其他人的沟通方式，这事指定一开始就谈不拢。

也多亏如此，我可以轻松无压力地执笔写作。

第二件幸运的事情便是我当时的上司柳川先生给予了我充分的信任，爽快地准许了我执笔写书的事。

Recruit内部是有著书的相关规定的，遵守这些规定当然是写书的前提，不过如果没有同事们的信任，也是无法继续的。

宣传部的安永就一直在帮我处理邮件沟通的事情。在此向其表示衷心感谢。

第三件幸运的事情便是动笔前正好被委托做一些与KPI有关的讲座。

年初的时候Fringe81的松岛还有Oneteam的佐佐木都来找我给本公司的管理层做一些KPI的相关讲座。这两家公司和我们正好同时在做经营会议的改革,所以对我们的KPI管理产生了兴趣。

另外在3月的时候,Recruit Holdings的M&A负责人冈本也来找我给同部门的成员开展KPI相关的主题讲座。冈本在之前听过我的讲座,他认为内容十分有趣,所以也想介绍给部门的其他成员。

多亏这两场讲座,让我能够再一次阅读、整理相关资料,更新大脑里的内容。当时收到的一些提问也为我提供了参考。

在此向各位参加讲座的朋友表示衷心的感谢。

第四件幸运的事情,就与我自己跳槽的事相关了。

在收到本书的邀约计划后的一个月,也就是12月的

## 结　语

时候，我决定离开自己工作了29年的Recruit集团，加入FIXER股份公司。

该公司的社长松冈先生坦诚直率的邀请是最大的动因。从第一次与松冈先生见面到决定跳槽只用了短短3周的时间。

本来要面对跳槽、对接、为新工作环境做准备等一系列繁杂的事情，写书的事情也就很有可能因此延期，至少对接这一步本来应该会耗费很大的精力。

然而，实际情况却如有神助。

当时我在Recruit Works研究所负责4项工作。

第一个是海外委员的工作。总部在法国，主要的委员都在欧美。问题在于到底要向谁对接。

不过，在4月份开始的部门变动中，决定让同为项目委员的海外业务负责人罗布来对接我的工作。

他人在荷兰，且与我相比跟其他主要项目委员更熟。我们主要通过邮件对接，并不需要实际见面对接。他的出现让我觉得非常惊喜。

第二个要解决的问题就是社会课题。跟我对接这一部分工作的是二叶，这位同事跟我一起做出过不错的工作成果，且与我一起负责过版本升级的工作。所以，这一部分也不需要实际见面对接。

第三个就是Recruit Works研究所的副所长工作。

大久保所长在听说我要跳槽后首先表示了吃惊,不过以朋友的立场来说还是支持我的决定。在大久保所长的指挥下,丰田、村田、石原等各位领导都给予了我很大的帮助。

因此,这一部分的实际对接工作也是最少的。

最后就是我自己的研究课题,其实就更谈不上对接了。

总而言之,多亏对接方都是很不错的人,所以我的对接成本才能压缩到最小。一般来说这几乎是不可能的事情。

这也就是为什么我会说"如有神助"。

多亏如此我才能确保1~3月的周末有写作的时间。

第五件幸运的事情就是选择了现在的公司——FIXER。

该公司是一家云服务供应商(Cloud Service Vendor),其主要工作就是将客户所有的系统资产上传到云端,然后将由此产生的运营支出转换为主攻的系统投资。

虽然是家风险企业,但是其员工已经有100多名了。其

## 结　语

中既有年轻成员也有年纪较大的成员,此外还有9个国家的成员。与他们建立关系需要进行1对1的面谈,做出各种各样的判断,总之是需要大量精力的。

但是,值得庆幸的是,晚上、双休日还有其他休息日一概不会有工作方面的消息。本来想着这是一家风险企业,都做好了加班的准备,但是实际情况却让我有点意外。也多亏如此,4月份后的休息日我有足够的时间来做最后的原稿校正。

正是有这一连串的幸运,才让这本书顺利走完从企划到出版的全程。

真的太幸运了。

本来包括这本书我总共试着写了7本书。其中3本已经成书,本书则是出版的第四本书。

不过,剩下的3本终究无法问世。3本书从字数上看还是可以成书的。

其中一本虽然创意有趣,但是没能成书。还有一本没有获得公司的批准,也无法成书。剩下一本由于跟编辑没有取得共识,就自然不能出版了。

但这一次却不同。

本书非常幸运终于得以出版，如果它能为各位读者朋友带来任何程度的帮助，我都深感欣慰。

2018年

中尾隆一郎